FRIEDRICH JÜLICHER

Die Verfassungsbeschwerde gegen Urteile
bei gesetzgeberischem Unterlassen

Schriften zum Öffentlichen Recht

Band 183

Die Verfassungsbeschwerde gegen Urteile bei gesetzgeberischem Unterlassen

Zum Rechtsschutz bei gesetzgeberischem Unterlassen und
willkürlichem gesetzlichen Begünstigungsausschluß

Von

Dr. Friedrich Jülicher

DUNCKER & HUMBLOT / BERLIN

Alle Rechte vorbehalten
© 1972 Duncker & Humblot, Berlin 41
Gedruckt 1972 bei Buchdruckerei Richard Schröter, Berlin 61
Printed in Germany

ISBN 3 428 02653 5

Vorwort

Die vorliegende Abhandlung hat im Wintersemester 1971/72 dem Fachbereich Rechtswissenschaft der Westfälischen Wilhelms-Universität zu Münster als Dissertation vorgelegen. Das Manuskript wurde im Juli 1971 abgeschlossen.

Danken möchte ich an dieser Stelle Herrn Bundesverfassungsrichter Prof. Dr. Hans Brox für die Anregung und vielfältige Förderung der Arbeit sowie Herrn Prof. Dr. Christian-Friedrich Menger für kritische Anregungen. Mein Dank gilt ferner Herrn Ministerialrat a. D. Dr. Johannes Broermann für die Aufnahme der Arbeit in die Reihe „Schriften zum Öffentlichen Recht".

Münster/Westf., im Januar 1972

Friedrich Jülicher

Inhaltsverzeichnis

Einleitung   11

§ 1 Einführung 11
    I. Verfassungsrechtliche Grundlagen des Themas und allgemeine Fragestellung 11
    II. Rechtsprechung des Bundesverfassungsgerichts 15
§ 2 Problemstellung, Gang und Abgrenzung der Untersuchung 18
    I. Problemstellung 18
    II. Gang und Abgrenzung der Untersuchung 20

Erster Teil

Auslegung und Rechtsfortbildung bei gesetzgeberischem Unterlassen und willkürlichem Begünstigungsausschluß   22

§ 3 Auslegung und verfassungskonforme Auslegung 22
    I. Auslegung 22
    II. Verfassungskonforme Auslegung 22
§ 4 Richterliche Rechtsfortbildung 24
    I. Fragestellung 24
    II. Rechtsfortbildung bei teilweisem Unterlassen des Gesetzgebers und willkürlicher Nichtbegünstigung 25
        1. Stellungnahmen im Schrifttum 25
        2. Kritik 26
        3. Zulässigkeit und Grenzen einer Analogie bei teilweisem gesetzgeberischen Unterlassen und willkürlicher Nichtbegünstigung 29
    III. Rechtsfortbildung bei absolutem Unterlassen des Gesetzgebers   33
        A. Absolutes gesetzgeberisches Unterlassen und Grundrechtsschutz 33
            1. Beispiele absoluten gesetzgeberischen Unterlassens 33

       2. Begrenzung der Untersuchung im Hinblick auf den Grundrechtsschutz 34

   B. Richterliche Verfassungskonkretisierung bei absolutem Unterlassen des Gesetzgebers 36

       1. Verfassungskonkretisierung durch richterliche Rechtsfortbildung 36

       2. Grenzen der Rechtsfortbildung bei absolutem Unterlassen des Gesetzgebers 40

       3. Beispiele verfassungskonformer Rechtsfortbildung 42

§ 5 Zusammenfassung 47

Zweiter Teil

Entscheidung des Bundesverfassungsgerichts bei gesetzgeberischem Unterlassen und willkürlichem Begünstigungsausschluß   48

§ 6 Rechtsprechung des Bundesverfassungsgerichts und Stellungnahmen im Schrifttum 49

   I. Bisherige Rechtsprechung des Bundesverfassungsgerichts 49

       1. Entscheidung bei gesetzgeberischem Unterlassen und verfassungswidrigem Begünstigungsausschluß 49

       2. Entscheidung bei willkürlichem Begünstigungsausschluß .. 51

   II. Stellungnahme der herrschenden Meinung im Schrifttum 55

   III. Kritik 56

§ 7 Zur teilweisen Verfassungswidrigkeit eines gegen den Gleichbehandlungsgrundsatz verstoßenden Gesetzes 59

   I. Meinungsstand 59

       1. Folgen eines teilweisen gesetzgeberischen Unterlassens ... 59

       2. Folgen eines willkürlichen Begünstigungsausschlusses 60

   II. Stellungnahme 61

       1. Gegenstand der verfassungsgerichtlichen Entscheidung bei ausdrücklichem und konkludentem Ausschluß 61

       2. Zur teilweisen Verfassungswidrigkeit eines Gesetzes bei unvollständiger Ausführung eines Verfassungsauftrages .. 65

       3. Zur teilweisen Verfassungswidrigkeit von Gesetzen bei willkürlichem Begünstigungsausschluß 66

Inhaltsverzeichnis

§ 8 Entscheidung bei verfassungswidrigem und ausdrücklichem willkürlichen Begünstigungsausschluß 70

    I. Entscheidungsmöglichkeiten 70

    II. Probleme der Nichtigerklärung eines Ausschlusses 71
        1. Wirkungen der Kassation einer Ausschlußregelung 71
        2. Gefahren der Kassation einer Ausschlußregelung 75

    III. Entscheidungsbefugnis des Bundesverfassungsgerichts bei der Rechtssatzkontrolle 78
        1. Regelung des Bundesverfassungsgerichtsgesetzes 78
        2. Regelung des Grundgesetzes 79

    IV. Zulässigkeit und Grenzen der Nichtigerklärung eines ausdrücklichen Ausschlusses 83
        1. Kassation eines ausdrücklichen Ausschlusses bei Gesetzen der gewährenden Staatstätigkeit 83
        2. Nichtigerklärung eines ausdrücklichen Begünstigungsausschlusses in belastenden Gesetzen 92

§ 9 Entscheidung bei gesetzgeberischem Unterlassen und konkludentem willkürlichen Begünstigungsausschluß 97

    I. Entscheidung bei absolutem Unterlassen des Gesetzgebers ... 97

    II. Entscheidung bei teilweisem gesetzgeberischen Unterlassen und konkludentem willkürlichen Begünstigungsausschluß ... 98
        1. Möglichkeit der Nichtigerklärung 98
        2. Zulässigkeit und Grenzen der Nichtigerklärung bei konkludentem Ausschluß 99

§ 10 Zusammenfassung 102

Dritter Teil

Zulässigkeit und Begründetheit der Urteilsverfassungsbeschwerde bei gesetzgeberischem Unterlassen und willkürlicher Nichtbegünstigung   104

§ 11 Zulässigkeit der Urteilsverfassungsbeschwerde 104

    I. Einwände im Schrifttum gegen die Zulässigkeit 104

    II. Schlüssige Rüge einer Grundrechtsverletzung 105
        1. Möglichkeiten der Grundrechtsverletzung bei gerichtlichen Entscheidungen 105
        2. Rüge der Grundrechtsverletzung 106

Inhaltsverzeichnis

III. Beschwer	107
IV. Rechtsschutzbedürfnis	109
A. Fragestellung	109
B. Rechtsschutzbedürfnis für eine Urteilsverfassungsbeschwerde bei verfassungswidriger Rechtsanwendung	110
C. Rechtsschutzbedürfnis für eine Urteilsverfassungsbeschwerde bei gesetzgeberischem Unterlassen und willkürlichem Begünstigungsausschluß	111
1. Meinungsstand und Problemstellung	111
2. Grenzen der unmittelbaren Anfechtung eines gesetzgeberischen Unterlassens und eines willkürlichen Begünstigungsausschlusses	113
3. Interesse des Beschwerdeführers an der Aufhebung der angefochtenen Urteile	114
§ 12 Fragen der Begründetheit und des Entscheidungsausspruchs bei der Urteilsverfassungsbeschwerde	118
I. Grundrechtsverletzung durch fehlerhafte Rechtsanwendung der Gerichte	118
1. Verfassungsgerichtliche Prüfung der angefochtenen Urteile	118
2. Entscheidung des Bundesverfassungsgerichts	119
II. Entscheidung über die Urteilsverfassungsbeschwerde bei ausdrücklichem und konkludentem Ausschluß	120
§ 13 Zusammenfassung	121
Literaturverzeichnis	123

Die Abkürzungen richten sich nach dem Abkürzungsverzeichnis der Rechtssprache von Kirchner, 2. Aufl., Berlin 1968.

Einleitung

§ 1 Einführung

I. Verfassungsrechtliche Grundlagen des Themas und allgemeine Fragestellung

1. Nach der Rechtsprechung des BVerfG kann der Einzelne mit der Verfassungsbeschwerde auch einen Anspruch auf ein Tätigwerden des Gesetzgebers geltend machen[1]. Das Verfassungsgericht hat zwar zunächst[2] einen gerichtlich verfolgbaren Anspruch des Bürgers auf gesetzgeberisches Handeln verneint und eine entsprechende Verfassungsbeschwerde verworfen. Später hat es seine Ansicht jedoch geändert und in ständiger Rechtsprechung dem Einzelnen verfassungsgerichtlichen Rechtsschutz gewährt, sofern sich aus den Grundrechten ein Anspruch auf Tätigwerden der gesetzgebenden Organe ergab.

Diese Rechtsprechung, die in der Literatur im wesentlichen Zustimmung gefunden hat[3], ist ein Beweis für den grundlegenden Wandel, den das Verhältnis des Gesetzgebers zur Verfassung und die Stellung des Einzelnen gegenüber dem Gesetzgeber durch das GG erfahren haben. Unter der Weimarer Reichsverfassung kam ein Anspruch des Bürgers auf ein Handeln des Gesetzgebers schon deshalb nicht ernsthaft in Betracht, weil die h. M.[4] eine Bindung des Gesetzgebers an die Verfassung und damit an die Grundrechte der Art. 109 ff. WRV ablehnte. Erst mit dem GG und der Einführung der Verfassungsbeschwerde durch das BVerfGG vom 12. März 1951[5] sind die Voraussetzungen für einen gerichtlich verfolgbaren Anspruch des Bürgers gegen den Gesetz-

---

[1] Siehe z. B. BVerfGE 6, 257; 8, 1; 15, 46; 18, 288; 25, 101; 28, 324.
[2] BVerfGE 1, 97 (100).
[3] *Friesenhahn*, S. 149 ff.; *Kalkbrenner*, DÖV 1963, 41 ff.; *Lechner*, NJW 1955, 1817 ff.; ders., § 90 BVerfGG, Anm. 2 a; *Lenz*, Hamann-Lenz, Einführung, S. 93 f.; *Rauschning*, S. 229 ff.; *Schmidt-Bleibtreu*, Maunz-Sigloch, § 90, Rdnr. 107 ff.; *R. Schneider*, AöR 89, 24 ff.; vgl. auch *Seiwerth*, *Seufert* und *Stahler* jeweils durchgehend und mit weiteren Nachweisen.
[4] Vgl. *Anschütz*, Art. 76 WRV, Anm. 1 (S. 401), und vor Art. 109 WRV, Anm. 7, FN 4 (S. 517); *Thoma*, HDStR II, S. 153 ff., 607 ff.; vgl. auch *Seiwerth*, S. 18 ff. (23).
[5] Zuletzt geändert durch das Vierte Gesetz zur Änderung des Gesetzes über das Bundesverfassungsgericht vom 24. Dezember 1970 (BGBl I S. 1765); vgl. Bekanntmachung der Neufassung vom 3. Februar 1971 (BGBl I S. 105).

geber geschaffen worden. Das GG hat erstmals in der deutschen Verfassungsgeschichte[6] die gesetzgebende Gewalt an die Verfassung (Art. 20 Abs. 3 GG) und die Grundrechte (Art. 1 Abs. 3 GG)[7] gebunden und somit dem Einzelnen auch gegenüber dem Gesetzgeber eine unantastbare Rechtsposition eingeräumt. Die Wirksamkeit dieses verfassungsrechtlichen Grundrechtsschutzes wird u. a. durch die nunmehr im GG[8] verankerte Verfassungsbeschwerde garantiert, da mit ihr auch gesetzgeberische Maßnahmen angefochten werden können.

Soweit sich für den Bürger aus den Grundrechten oder den übrigen in Art. 93 Abs. 1 Nr. 4 a GG aufgeführten Bestimmungen des GG ein Anspruch auf gesetzgeberisches Handeln ergibt, muß der Gesetzgeber aufgrund seiner Bindung an die Verfassung diesen Anspruch erfüllen[9].

Den Organen der Gesetzgebung obliegt zwar nach dem GG gegenüber dem Einzelnen keine allgemeine verfassungsrechtliche Pflicht zur Rechtsetzung[10]; denn der Erlaß und die Ausgestaltung von Gesetzen stehen in der Regel im pflichtgemäßen Ermessen des Gesetzgebers. Ein Anspruch des Bürgers besteht nach der Rechtsprechung des BVerfG[11] und der wohl h. M. im Schrifttum[12] aber dann, wenn das GG in einem Verfassungsauftrag, der Inhalt und Umfang der Gesetzgebungspflicht im wesentlichen umgrenzt, dem Gesetzgeber die Pflicht zum Erlaß eines Gesetzes auferlegt[13] und dieser durch eine nicht fristgerechte[14] oder unvollständige[15] Ausführung des Auftrags Grundrechte verletzen würde.

Seine Rechtsetzungspflicht kann der Gesetzgeber dadurch verletzen, daß er die gebotene Regelung überhaupt nicht erläßt oder in dem einen Verfassungsauftrag ausführenden Gesetz eine der zu begünstigenden Gruppen übergeht[16], ohne sie ausdrücklich auszuschließen. Diese Fälle

---

[6] *Hesse*, S. 81.
[7] Diese Bindung ist nach Art. 79 Abs. 3 GG auch nicht abänderbar.
[8] Eingefügt in Art. 93 Abs. 1 als Nr. 4 a durch das Neunzehnte Gesetz zur Änderung des Grundgesetzes vom 29. Januar 1969 (BGBl I S. 97).
[9] Vgl. *Dürig*, Maunz-Dürig, Art. 1, Rdnr. 95, FN 5, und *Maunz*, a.a.O., Art. 70, Rdnr. 2; *v. Mangoldt-Klein*, Vorbem. II 7 a vor Art. 70 (S. 1343).
[10] So *Friesenhahn*, S. 150; *Kalkbrenner*, DÖV 1963, 41 (45); *Schmidt-Bleibtreu*, Maunz-Sigloch, § 90, Rdnr. 107.
[11] Vgl. z. B. BVerfGE 6, 257 (263 f.); 8, 1; 15, 46 (60); 23, 242 (249 f.).
[12] Vgl. die Nachweise in FN 2 sowie *Seiwerth*, S. 100 ff.; *Seufert*, S. 275 ff.; *Schmidt-Bleibtreu*, Maunz-Sigloch, § 90, Rdnr. 107 ff. m. w. N.
[13] z. B. Art. 6 Abs. 5 GG, Art. 131 GG.
[14] Vgl. BVerfGE 25, 167 (172); *Seufert*, S. 113, 192.
[15] z. B. Verstoß gegen Art. 3 Abs. 1 GG durch die unvollständige Gesetzgebung zu Art. 131 GG; vgl. BVerfGE 6, 257; 15, 46; *Seufert*, S. 161 f., 222 ff. m. w. N.
[16] Vgl. den Fall in BVerfGE 15, 46; hier waren die berechtigten Gruppen im Gesetz einzeln aufgezählt, die Gruppe des Beschwerdeführers wurde im Gesetz überhaupt nicht genannt.

werden im folgenden mit dem BVerfG als „gesetzgeberisches Unterlassen" bezeichnet. Der Verstoß gegen das GG kann weiterhin darin bestehen, daß der Gesetzgeber in dem einen Verfassungsauftrag ausführenden Gesetz eine an sich zu begünstigende Gruppe ausdrücklich ganz[17] oder teilweise[18] von der Vergünstigung ausgeschlossen hat. In einem solchen Fall könnte man zwar auch von einem Unterlassen des Gesetzgebers sprechen[19], weil dieser den Verfassungsauftrag nicht vollständig erfüllt hat. Da hier jedoch eine ausdrückliche Ausschlußregelung besteht, wird im folgenden zur Unterscheidung von den o. a. Fällen des Unterlassens die Bezeichnung „verfassungswidriger Begünstigungsausschluß" gebraucht[20].

Der Freiheit des Gesetzgebers bezüglich der Gestaltung begünstigender Gesetze sind aber auch dann Grenzen gesetzt, wenn der Erlaß der Regelung nicht durch einen Verfassungsauftrag vorgeschrieben ist, sondern im gesetzgeberischen Ermessen steht. Hier wird die gesetzgeberische Freiheit nämlich durch den allgemeinen Gleichheitssatz (Art. 3 Abs. 1 GG) oder eine seiner Konkretisierungen[21] eingeschränkt. So ist Art. 3 Abs. 1 GG verletzt, wenn der Gesetzgeber eine begünstigende Regelung erläßt und dabei ohne sachlichen Grund eine bestimmte Personengruppe nicht in den Kreis der Begünstigten aufnimmt[22] (sog. „willkürliche Nichtbegünstigung"). Auch hier sind zwei Fallgestaltungen zu unterscheiden: entweder wird die Gruppe im Gesetz stillschweigend übergangen[23] oder sie wird ausdrücklich ausgeschlossen.

2. Die Gewährung verfassungsgerichtlichen Rechtsschutzes bei gesetzgeberischem Unterlassen und willkürlicher Nichtbegünstigung wirft eine Reihe verfassungs- und verfahrensrechtlicher Probleme auf. Dies liegt daran, daß, soweit es um den Schutz des Bürgers gegenüber dem Gesetzgeber geht, die Grundrechte im wesentlichen als Abwehrrechte von Bedeutung waren und sind. Hinzu kommt, daß die Verfassungsbeschwerde im BVerfGG als ein Rechtsbehelf ausgestaltet ist, der auf die Beseitigung verfassungswidriger Eingriffe in die Freiheitssphäre des Einzelnen gerichtet ist und nicht auf die Durchsetzung von An-

---

[17] Vgl. BVerfGE 16, 94.
[18] Vgl. BVerfGE 6, 246 (256 f.).
[19] So z. B. *Seiwerth*, S. 71 f.
[20] Auch das BVerfG spricht in diesen Fällen nicht von gesetzgeberischem Unterlassen.
[21] z. B. Art. 3 Abs. 2 und 3 GG; vgl. zu den weiteren Konkretisierungen des allgemeinen Gleichheitssatzes *Leibholz-Rinck*, Art. 3, Anm. 7.
[22] Vgl. BVerfGE 17, 122; 18, 288; 28, 324; 29, 1.
[23] In der Literatur wird dieser Fall vielfach im Anschluß an *Wessel* (DVBl 1952, 161 ff.) als „relatives Unterlassen" des Gesetzgebers bezeichnet. Um Verwechselungen mit dem „echten Unterlassen" auszuschließen, wird dieser Ausdruck im folgenden nicht verwendet.

sprüchen auf gesetzgeberisches Handeln. Nach § 95 Abs. 2 BVerfGG ist eine die Grundrechte verletzende Entscheidung aufzuheben; eine verfassungswidrige Norm ist gem. § 95 Abs. 3 BVerfGG für nichtig zu erklären. Mit diesen Maßnahmen kann aber ein Recht auf Teilhabe an einer gesetzlichen Vergünstigung nicht unmittelbar durchgesetzt werden, wenn — so das BVerfG[24] — in der Regel nur der Gesetzgeber die rechtlichen Voraussetzungen für eine solche Teilhabe schaffen kann.

Unter diesen Umständen nimmt es nicht wunder, wenn hinsichtlich der Einzelheiten des verfassungsgerichtlichen Rechtsschutzes bei gesetzgeberischem Unterlassen und willkürlicher Nichtbegünstigung die Meinungen auseinandergehen[25]. Besonders umstritten ist dabei die Frage, ob der Bürger ein solches Fehlverhalten des Gesetzgebers auch mittelbar angreifen kann, indem er mit der Verfassungsbeschwerde die gerichtlichen Entscheidungen anficht, die sein auf Teilhabe an einer Vergünstigung gerichtetes Begehren wegen Fehlens einer ihn begünstigenden Norm abgewiesen haben (sog. Urteilsverfassungsbeschwerde[26]). Das BVerfG hält eine solche Urteilsverfassungsbeschwerde für zulässig und ggf. auch hinsichtlich der angefochtenen Urteile für begründet[27]. In der Literatur wird dagegen die Ansicht vertreten, bei gesetzgeberischem Unterlassen oder willkürlicher Nichtbegünstigung sei eine Urteilsverfassungsbeschwerde unzulässig[28], zumindest aber unbegründet[29], weil die Gerichte dem Beschwerdeführer die Vergünstigung nicht hätten gewähren können. Zulässig sei hier allein die unmittelbar gegen das Unterlassen des Gesetzgebers gerichtete Verfassungsbeschwerde[30]. Diese Stellungnahmen des Schrifttums geben Anlaß, die Zulässigkeit und Begründetheit einer Urteilsverfassungsbeschwerde bei gesetzgeberischem Unterlassen und willkürlicher Nichtbegünstigung eingehender zu untersuchen. Dies soll im folgenden geschehen. Zur Abgrenzung des damit zu behandelnden Fragenkreises und zur Verdeutlichung der Problematik soll jedoch zunächst ein Überblick über die Rechtsprechung des BVerfG gegeben werden.

---

[24] Vgl. etwa BVerfGE 15, 46 (75 f.); 28, 324 (361 ff.).

[25] Umstritten sind z. B. der Begriff des gesetzgeberischen Unterlassens und der Entscheidungsausspruch des BVerfG bezüglich des gesetzgeberischen Unterlassens bzw. der willkürlichen Nichtbegünstigung; vgl. *Lerche*, AöR 90, 341 ff.; *R. Schneider*, AöR 89, 24 ff.; *Seufert*, S. 18 ff., 322 ff. m. w. N.

[26] Bezeichnung nach *Schumann*, Verfassungsbeschwerde, S. 118.

[27] Vgl. etwa BVerfGE 15, 46; 23, 1; 25, 101; 29, 57.

[28] So Schmidt-Bleibtreu, Maunz-Sigloch, § 90, Rdnr. 158; *Schumann*, AöR 88, 331 (337).

[29] *Schumann*, Verfassungsbeschwerde, S. 190 f.

[30] Sog. Unterlassensverfassungsbeschwerde, vgl. *Schmidt-Bleibtreu*, a.a.O.

II. Rechtsprechung des Bundesverfassungsgerichts

1. Das BVerfG hat in den Fällen gesetzgeberischen Unterlassens und willkürlicher Nichtbegünstigung dem Bürger die gleichen Anfechtungsmöglichkeiten eingeräumt wie gegenüber einem Gesetz, das in Grundrechte eingreift. Das Unterlassen bzw. die Nichtbegünstigung können direkt mit der Verfassungsbeschwerde angefochten werden, sofern der Beschwerdeführer selbst, gegenwärtig und unmittelbar durch sie betroffen ist[31]. Der Bürger kann aber auch warten, bis daß sich die in dem Unterlassen oder der Nichtbegünstigung liegende Grundrechtsbeeinträchtigung ihm gegenüber in einem Akt der Verwaltung oder der Rechtsprechung konkretisiert, und dann — in der Regel nach Erschöpfung des Rechtswegs — die gerichtlichen Entscheidungen anfechten[32]. Soweit die Voraussetzungen für eine unmittelbare Anfechtung fehlen, verbleibt nach der Rechtsprechung des BVerfG allein der Weg der Urteilsverfassungsbeschwerde[33].

2. Sowohl bei der Unterlassens- als auch bei der Urteilsverfassungsbeschwerde kommt dem Entscheidungsausspruch hinsichtlich des Unterlassens oder der Nichtbegünstigung besondere Bedeutung zu. Das BVerfG hat insoweit unter Zusammenfassung und Fortführung[34] seiner bisherigen Rechtsprechung die folgenden Grundsätze aufgestellt[35], die es auch nach der Änderung des BVerfGG durch das Vierte Änderungsgesetz von 1970 anwendet[36]: Besteht der Verfassungsverstoß darin, daß die begünstigende Regelung die benachteiligte Gruppe überhaupt nicht erwähnt, so soll es gesetzestechnisch nicht möglich sein, eine solche Lücke für nichtig zu erklären. Hier stellt das Gericht daher gem. § 90 Abs. 1 BVerfGG lediglich fest, daß die bestehende gesetzliche Regelung ein Grundrecht verletzt, weil sie die betroffene Personengruppe nicht berücksichtigt. Der Gesetzgeber wird aufgrund dieser Feststellung für verpflichtet gehalten, den Grundrechtsverstoß innerhalb angemessener Frist zu beseitigen. Wird die benachteiligte Gruppe ausdrücklich von der Vergünstigung ausgeschlossen, so ist eine Nichtigerklärung des Ausschlusses zwar gesetzestechnisch möglich. Sie soll jedoch vielfach mit Rücksicht auf die Gestaltungsfreiheit des Gesetzgebers ausscheiden, weil dieser häufig mehrere Möglichkeiten hat, einen verfassungs-

---

[31] Siehe etwa BVerfGE 6, 257; 8, 1; 18, 288.
[32] Vgl. BVerfGE 15, 46; 16, 94 (103); 25, 101; 29, 57.
[33] Vgl. etwa BVerfGE 29, 277 (281 f.).
[34] Siehe auch *Rupp-v. Brünneck*, Festschrift, S. 355 (367).
[35] BVerfGE 22, 349 (360 ff.); siehe auch BVerfGE 6, 257 (264 f.); 18, 288 (301).
[36] Nunmehr stellt es jedoch nicht nur die Grundrechtsverletzung fest, sondern erklärt außerdem, daß die Norm mit dem GG unvereinbar ist. Vgl. BVerfGE 28, 324 (361 f.); 29, 57; siehe auch BVerfGE 30, 227 (228 f.), Entscheidungstenor 2 a/b.

gemäßen Zustand herzustellen. Ein ausdrücklicher Ausschluß kann nur für nichtig erklärt werden, wenn dies die einzige Möglichkeit zur Beseitigung des Verfassungsverstoßes ist oder wenn mit Sicherheit angenommen werden kann, daß der Gesetzgeber bei Kenntnis des Verfassungsverstoßes die Ausgeschlossenen in die begünstigende Regelung einbezogen hätte[37].

Das BVerfG hat eine die Grundrechtsverletzung lediglich feststellende Entscheidung zunächst nur bei gesetzgeberischem Unterlassen und willkürlicher Nichtbegünstigung auf dem Gebiet der gewährenden Staatstätigkeit getroffen[38]. In neuerer Zeit sind solche Entscheidungen aber auch ergangen, wenn der Gesetzgeber im Rahmen der Eingriffsverwaltung gegen Art. 3 Abs. 1 GG verstoßen hatte[39]. So hat das BVerfG z. B. in BVerfGE 23, 1 eine Steuernorm, welche die zur Einkommensteuer veranlagten Steuerpflichtigen hinsichtlich der Kinderfreibeträge schlechter stellte als die Lohnsteuerpflichtigen und damit zu einer ungleichen Steuerbelastung führte, nicht für nichtig erklärt, sondern lediglich festgestellt, daß die unterschiedliche Behandlung mit Art. 3 Abs. 1 GG nicht vereinbar sei.

3. Zur Urteilsverfassungsbeschwerde bei gesetzgeberischem Unterlassen hat das BVerfG erstmals in einer Entscheidung vom 6. November 1962[40] ausführlich Stellung genommen. In dieser Entscheidung ging es um folgenden Sachverhalt:

Nach dem G 131 stehen auch den ehemaligen Angehörigen von Körperschaften, Anstalten und Stiftungen des öffentlichen Rechts Ansprüche auf Leistungen nach diesem Gesetz zu, sofern die Einrichtungen in der Anlage A zu § 2 Abs. 1 G 131 aufgeführt sind. Der Beschwerdeführer, der bis zum Zusammenbruch Angestellter des „von Rohdich'schen Legatenfonds", einer Stiftung des öffentlichen Rechts, gewesen war, hatte vor den Arbeitsgerichten auf Gewährung von Leistungen nach dem G 131 geklagt. Sein Begehren wurde in letzter Instanz vom BAG abgewiesen, weil der „von Rohdich'sche Legatenfonds" nicht in der Anlage A zu § 2 Abs. 1 G 131 in der Fassung vom 21. August 1961 aufgeführt war. Gegen die Entscheidung des BAG erhob der Beschwerdeführer Verfassungsbeschwerde und rügte, der Gesetzgeber habe den Auftrag aus Art. 131 GG unvollständig ausgeführt und damit auch Art. 3 Abs. 1 GG verletzt; der Legatenfonds sei nämlich in die Anlage zu § 2 Abs. 1 G 131 aufzunehmen.

---

[37] Siehe auch BVerfGE 27, 220 (230); 27, 391 (399).
[38] Vgl. BVerfGE 6, 257 u. 15, 46: Art. 131 GG; BVerfGE 8, 1: Art. 131 GG und Beamtenbesoldung (Art. 33 Abs. 5 GG); BVerfGE 18, 288: Recht der Wiedergutmachung nationalsozialistischen Unrechts für Angehörige des öffentlichen Dienstes (BWGöD).
[39] Vgl. BVerfGE 23, 1; 25, 101; 25, 236.
[40] BVerfGE 15, 46.

§ 1 Einführung

Das Verfassungsgericht hat die Urteilsverfassungsbeschwerde für zulässig erachtet und insoweit ausgeführt: Die Grundrechtsverletzung des Beschwerdeführers liege zwar nicht in erster Linie in der Entscheidung des BAG. Das Urteil beruhe aber nach dem Vorbringen des Beschwerdeführers auf einem Gesetz, welches durch die Nichtberücksichtigung von bestimmten Personen gegen das GG verstoße und nur durch eine entsprechende Ergänzung zur Grundlage eines das Grundrecht des Beschwerdeführers auf Gleichheit wahrenden Urteils werden könne[41].

Das BVerfG ist in diesem Fall zu dem Ergebnis gelangt, daß der Gesetzgeber den Verstoß gegen Art. 131 und Art. 3 Abs. 1 GG nur durch die Aufnahme des „von Rohdich'schen Legatenfonds" in die Anlage A zu § 2 Abs. 1 G 131 beseitigen konnte. Im Tenor seiner Entscheidung hat es festgestellt, daß der Gesetzgeber durch Unterlassen das Grundrecht des Beschwerdeführers aus Art. 3 Abs. 1 GG verletzt habe.

Das Revisionsurteil wurde aufgehoben und die Sache an das BAG zurückverwiesen. Zur Aufhebung des Urteils heißt es[42]: Das BAG habe dem Begehren des Beschwerdeführers wegen Fehlens einer diesen begünstigenden Norm nicht stattgeben können. Das Urteil sei gleichwohl aufzuheben; es beruhe auf einem mit dem GG nicht vereinbaren Gesetz. Das BAG könne auch jetzt noch nicht über das Begehren des Beschwerdeführers entscheiden; denn der Gesetzgeber müsse erst die unvollständige Norm ergänzen. Die Aufhebung des Urteils sei deshalb geboten, weil die Gefahr bestehe, daß dem Beschwerdeführer, falls er nach einer Gesetzesergänzung erneut klagen müsse, die Rechtskraft des abweisenden Urteils entgegengehalten werde. Das BAG müsse seine Entscheidung bis zur Gesetzesergänzung[43] aussetzen.

Die mit dieser Entscheidung eingeleitete Rechtsprechung hat das BVerfG in der Folgezeit auch für die Urteilsverfassungsbeschwerde bei willkürlicher Nichtbegünstigung fortgesetzt, und zwar sowohl bei einer Benachteiligung auf dem Gebiet der gewährenden Staatstätigkeit[44] als auch in Fällen ungleicher Belastung durch Steuergesetze[45]. Die Aufhebung der gerichtlichen Urteile ist dabei im letzten Fall wie folgt begründet worden[46]: Nur die Aufhebung der angefochtenen Entscheidungen erhalte dem Beschwerdeführer die Chance, an einer für ihn günstigen Neuregelung teilzuhaben. Es bestehe die Gefahr, daß ihm die

---
[41] BVerfGE 15, 46 (59 f.).
[42] BVerfGE 15, 46 (75 f.).
[43] Die Ergänzung erfolgte durch die 29. DVO zum G 131 vom 5. August 1963 (BGBl I S. 624). Der Beschwerdeführer mußte also noch gut 9 Monate auf eine ihm günstige Entscheidung warten.
[44] Vgl. BVerfGE 22, 349; 29, 57.
[45] BVerfGE 23, 1; 25, 101.
[46] Vgl. BVerfGE 23, 1 (11).

Rechtskraft der abweisenden Urteile entgegengehalten werde, wenn der Gesetzgeber die Rechtslage rückwirkend günstiger gestalte; der Gesetzgeber sei nicht gehindert, die Rückwirkung der Gesetzesänderung auf die noch nicht rechtskräftigen Fälle zu beschränken.

§ 2 Problemstellung, Gang und Abgrenzung der Untersuchung

I. Problemstellung

1. Der Überblick über die verfassungsgerichtliche Rechtsprechung hat gezeigt, daß das BVerfG in den Fällen gesetzgeberischen Unterlassens und willkürlicher Nichtbegünstigung bestrebt ist, auf der einen Seite die Gestaltungsfreiheit des Gesetzgebers zu wahren und auf der anderen Seite dem Bürger einen möglichst effektiven Grundrechtsschutz zu gewähren. Auffallend ist jedoch, daß das BVerfG stets ein Tätigwerden des Gesetzgebers verlangt, wenn der Beschwerdeführer unter Verstoß gegen das GG in einer begünstigenden Norm stillschweigend übergangen wurde. Hier drängt sich die Frage auf, ob dem Beschwerdeführer nicht im Wege richterlicher Rechtsfortbildung die Vergünstigung gewährt werden kann. Es bedarf somit der Klärung, ob und inwieweit es möglich ist, dem übergangenen Beschwerdeführer durch Auslegung und Rechtsfortbildung zu seinem Recht zu verhelfen.

2. Nach der Rechtsprechung des BVerfG hängt der Entscheidungsausspruch bei gesetzgeberischem Unterlassen und willkürlicher Nichtbegünstigung u. a. von der jeweiligen Formulierung des Gesetzes ab. Ob das Gericht damit der Gestaltungsfreiheit des Gesetzgebers und dem Grundrechtsschutz des Einzelnen immer gerecht wird, erscheint fraglich. Wird nämlich ein ausdrücklicher Ausschluß für nichtig erklärt und dadurch der Kreis der Begünstigten ausgedehnt, so erhebt sich die Frage, ob das BVerfG hier nicht die ihm nach dem BVerfGG und dem GG zukommenden Befugnisse überschreitet[1] und eine Gestaltungsbefugnis in Anspruch nimmt, die nur dem Gesetzgeber zusteht. Stellt man auf den Grundrechtsschutz des Bürgers ab, so ist es unbefriedigend, wenn das Gericht, obwohl es die Ausdehnung der begünstigenden Regelung verfassungsrechtlich für geboten hält, je nach der Formulierung des Gesetzes entweder nur eine Grundrechtsverletzung feststellt[2] oder aber durch Nichtigerklärung des Ausschlusses die bisher Benachteiligten in den Kreis der Begünstigten einbezieht[3]. Im letzteren

---

[1] Vgl. *Dax*, S. 138 f.
[2] Vgl. BVerfGE 15, 46 (76): von Rohdich'scher Legatenfonds.
[3] Siehe etwa BVerfGE 16, 94; 29, 1.

§ 2 Problemstellung, Gang und Abgrenzung der Untersuchung

Fall erhält der Beschwerdeführer die Vergünstigung alsbald nach der Entscheidung des BVerfG; er braucht also nicht auf eine Gesetzesergänzung zu warten. Unter diesen Umständen fragt es sich, ob der Rechtsprechung des BVerfG zum Inhalt des Entscheidungsausspruchs zu folgen ist oder ob nicht andere Möglichkeiten der Entscheidung bestehen. So ist z. B. zu überlegen, ob das BVerfG im Fall des „von Rohdich'schen Legatenfonds"[4] nicht durch eine entsprechende Entscheidung das BAG in die Lage versetzen konnte, dem Begehren des Beschwerdeführers durch analoge Anwendung der Vorschriften des G 131 stattzugeben.

Die Frage, wie das BVerfG bei gesetzgeberischem Unterlassen und willkürlicher Nichtbegünstigung zu entscheiden hat, ist durch das Vierte Gesetz zur Änderung des BVerfGG vom 21. Dezember 1970[5] nicht gegenstandslos geworden. Dieses Gesetz hat zwar insoweit eine Änderung gebracht, als § 31 Abs. 2 Satz 2 BVerfGG nunmehr anerkennt, daß das Verfassungsgericht die Unvereinbarkeit einer Norm mit dem GG feststellen kann, ohne die Norm für nichtig zu erklären[6]. Mit der Änderung wollte der Gesetzgeber der bisherigen Rechtsprechung des BVerfG Rechnung tragen[7]. Es sollte sowohl den Entscheidungen, welche die Unvereinbarkeit einer Norm mit dem GG feststellen, als auch den Entscheidungen, durch welche die verfassungskonforme Auslegung einer Norm klargestellt wird, Gesetzeskraft verliehen werden. Der Gesetzgeber wollte aber nicht entscheiden, wann das BVerfG im Einzelfall eine Norm für nichtig zu erklären hat und wann es ausnahmsweise[8] lediglich die Unvereinbarkeit einer Norm mit dem GG feststellen darf. Die Neuregelung besagt somit nur, daß das BVerfG sich in bestimmten Fällen wie bisher darauf beschränken darf, allein die Verfassungswidrigkeit einer Norm festzustellen, ohne sie — wie man nach § 78 und § 95 Abs. 3 BVerfGG annehmen könnte[9] — zugleich für nichtig erklären zu müssen[10]. Die hier interessierende Frage, wann eine Norm für nichtig

---

[4] BVerfGE 15, 46; vgl. § 1 II, FN 41, 42.
[5] BGBl I S. 1765.
[6] Vgl. auch § 79 Abs. 1 BVerfGG n. F., wo außerdem noch unterschieden wird zwischen der Feststellung, daß eine Norm mit dem GG unvereinbar ist, und der Feststellung, daß die gerichtliche Auslegung einer Norm mit dem GG nicht vereinbar ist.
[7] Vgl. Min.Dir. *Bahlmann*, Stenographisches Protokoll der 23. Sitzung des Rechtsausschusses vom 5. November 1970, S. 43, zu § 31; *Rupprecht*, NJW 1971, 169 (170 f.).
[8] Zum Ausnahmecharakter einer die Unvereinbarkeit mit dem GG feststellenden Entscheidung vgl. auch *Rupp-v. Brünneck*, Festschrift, S. 355 (368).
[9] So z. B. *Lange*, NJW 1962, 417, aufgrund des BVerfGG a. F.
[10] Inwieweit diese Regelung den Grundsatz der „ex tunc-Nichtigkeit" verfassungswidriger Normen durchbricht, kann hier dahinstehen (vgl. hierzu unten § 8 II, 1 b). Zum Streit über die Nichtigkeit oder Vernichtbarkeit ver-

zu erklären und wann lediglich ihre Unvereinbarkeit mit dem GG festzustellen ist, ist damit nicht beantwortet.

3. Der Entscheidungsausspruch hinsichtlich des gesetzgeberischen Unterlassens oder der willkürlichen Nichtbegünstigung ist sowohl für die Zulässigkeit als auch für die Begründetheit der Urteilsverfassungsbeschwerde von Bedeutung. Beruhen die Urteile auf einem ausdrücklichen Ausschluß, den das BVerfG für nichtig erklärt, so sind die Urteile aufzuheben, damit alsbald eine verfassungsgemäße und dem Beschwerdeführer günstige Entscheidung ergehen kann. Müßte das BVerfG — wie im Schrifttum zum Teil angenommen wird[11] — bei einer willkürlichen Nichtbegünstigung die begünstigende Regelung für nichtig erklären, so dürfte die Urteilsverfassungsbeschwerde in diesen Fällen unzulässig sein. Denn die Entscheidung des BVerfG würde die Rechtsstellung des Beschwerdeführers nicht verbessern. Problematisch ist die Zulässigkeit der Urteilsverfassungsbeschwerde — vor allem das Rechtsschutzbedürfnis — aber auch dann, wenn das BVerfG lediglich eine Verletzung des Grundrechts durch den Gesetzgeber feststellen kann. Das BVerfG bejaht hier das Rechtsschutzbedürfnis und hebt ggf. die Urteile auf, weil es befürchtet, daß dem Beschwerdeführer sonst nach einer Gesetzesergänzung die Rechtskraft entgegengehalten werde. Im Schrifttum wird diese Gefahr mit der Begründung verneint[12], daß der Gesetzgeber verpflichtet sei, allen bisher Ausgeschlossenen rückwirkend die Vergünstigung zu gewähren und etwaige anspruchshindernde rechtskräftige Urteile für wirkungslos zu erklären. Sollte dieser Auffassung zu folgen sein, so fragt es sich, ob für die Urteilsverfassungsbeschwerde ein Rechtsschutzbedürfnis anzuerkennen ist.

II. Gang und Abgrenzung der Untersuchung

1. Die Fragen, welche die Zulässigkeit und die Begründetheit der Urteilsverfassungsbeschwerde bei gesetzgeberischem Unterlassen und willkürlicher Nichtbegünstigung aufwerfen, lassen sich letztlich erst beantworten, wenn Klarheit darüber herrscht, inwieweit eine Rechtsfortbildung in diesen Fällen möglich ist und wie das BVerfG über das Unterlassen bzw. die Nichtbegünstigung zu entscheiden hat. Deshalb werden diese beiden Komplexe zunächst behandelt, und zwar im ersten

---

fassungswidriger Normen siehe *Chr. Böckenförde*; *H. Brinkmann*, DÖV 1970, 406 ff.; *Weißauer-Hesselberger*, DÖV 1970, 325 ff. m. w. N.

[11] So z. B. *Salzwedel*, S. 339 (342 ff.); *Schubach*, S. 67 f.; *Seufert*, S. 178, 231, 333 ff.; *Wessel*, DVBl 1952, 161 (164).

[12] Vgl. *R. Schneider*, AöR 89, 24 (55 ff.); *Schumann*, AöR 88, 331 (342 f.); *Stahler*, S. 86 ff.

§ 2 Problemstellung, Gang und Abgrenzung der Untersuchung

und zweiten Teil der Arbeit. Anschließend wird im dritten Teil der Abhandlung näher auf die Zulässigkeit und einige Fragen der Begründetheit der Urteilsverfassungsbeschwerde eingegangen.

2. Die Untersuchung beschränkt sich auf die verfassungs- und verfahrensrechtlichen Probleme, die gerade durch die Urteilsverfassungsbeschwerde bei gesetzgeberischem Unterlassen und willkürlicher Nichtbegünstigung aufgeworfen werden. Es wird somit nicht untersucht, welche Vorschriften des GG Verfassungsaufträge enthalten, die allein oder in Verbindung mit bestimmten Grundrechten dem Bürger einen Anspruch auf ein Handeln des Gesetzgebers einräumen[13]. Von welchen Voraussetzungen ein solcher Anspruch im einzelnen abhängig ist, wird ebenfalls nicht behandelt[14]. Die Untersuchung geht insoweit von der Rechtsprechung des BVerfG aus, nach der dem Einzelnen unter bestimmten Voraussetzungen ein „fälliger" Anspruch gegen den Gesetzgeber zusteht.

---

[13] Vgl. hierzu *Kalkbrenner*, DÖV 1963, 41 ff.; *Schmidt-Bleibtreu*, Maunz-Sigloch, § 90, Rdnr. 108 ff.; *Seiwerth*, S. 35 ff.; *Seufert*, S. 103 ff. m. w. N.
[14] Zu den Grenzen der Gesetzgebungspflicht und zum Erfüllungszeitpunkt bei Verfassungsaufträgen vgl. *Ritter*, S. 94 ff., 102 ff. m. w. N.; *Wienholtz*, S. 94 ff.; ferner BVerfGE 25, 167 (185 ff.).

Erster Teil

Auslegung und Rechtsfortbildung bei gesetzgeberischem Unterlassen und willkürlichem Begünstigungsausschluß

§ 3 Auslegung und verfassungskonforme Auslegung

I. Auslegung

Ein gesetzgeberisches Unterlassen und eine willkürliche gesetzliche Nichtbegünstigung liegen nur vor, wenn der Gesetzgeber bei dem Erlaß einer begünstigenden Regelung eine bestimmte Personengruppe übergangen hat. Ein solches Fehlverhalten des Gesetzgebers ist also nicht gegeben, falls dem sich benachteiligt fühlenden Bürger bei richtiger Auslegung der begünstigenden Norm ein Anspruch auf die Vergünstigung zusteht. Hiervon geht auch das BVerfG aus[1]; denn es bejaht ein gesetzgeberisches Unterlassen oder eine willkürliche Nichtbegünstigung erst dann, wenn die begünstigende Regelung weder nach ihrem Wortlaut noch nach ihrem Sinn auf die benachteiligte Gruppe angewandt werden kann. Bei einer Urteilsverfassungsbeschwerde, mit der ein Unterlassen des Gesetzgebers oder eine willkürliche Nichtbegünstigung gerügt wird, ist deshalb zunächst zu prüfen, ob dem Beschwerdeführer die begehrte Vergünstigung nicht durch ausdehnende Auslegung der begünstigenden Vorschrift gewährt werden kann[2]. Bei einem ausdrücklichen Ausschluß ist zu untersuchen, ob die begünstigende Regelung nicht aufgrund einer einschränkenden Auslegung des Ausschlusses anzuwenden ist.

II. Verfassungskonforme Auslegung

Eine Benachteiligung des Bürgers durch den Gesetzgeber ist in diesen Fällen aber erst dann anzunehmen, wenn auch eine verfassungskonforme Auslegung nicht weiterhilft[3]. Soweit die verfassungskonforme

---

[1] Vgl. BVerfGE 22, 349 (360).
[2] So auch *Seiwerth*, S. 72, FN 399; *Seufert*, S. 88 ff.
[3] Vgl. BVerfGE 8, 210 (220): verfassungskonforme Einschränkung einer Ausschlußregelung; BVerfGE 27, 142 (148 ff.): verfassungskonforme Ausdehnung einer begünstigenden Norm. Zur verfassungskonformen Auslegung siehe *Bogs*, *Burmeister* und neuerdings *Göldner*, jeweils m. w. N.

§ 3 Auslegung und verfassungskonforme Auslegung

Auslegung einen Anspruch auf die Vergünstigung begründet, liegt die Grundrechtsverletzung des Beschwerdeführers allein in den sein Begehren abweisenden Urteilen, nicht aber in einem Unterlassen oder Handeln des Gesetzgebers.

Die verfassungskonforme Auslegung einer Norm findet nach der Rechtsprechung des BVerfG[4] ihre Grenze an dem eindeutigen Wortlaut des Gesetzes und dem klar erkennbaren Willen des Gesetzgebers. Daher wird in der Regel eine dem Beschwerdeführer günstige verfassungskonforme Auslegung nicht möglich sein, wenn das Gesetz einen ausdrücklichen Ausschluß enthält. In diesen Fällen wird vielfach entweder der Wortlaut der Norm oder der erkennbare Wille des Gesetzgebers eine verfassungskonforme Einschränkung der Ausschlußregelung nicht zulassen[5]. Sind die berechtigten Personengruppen in der begünstigenden Norm einzeln aufgezählt, so steht einer verfassungskonformen ausdehnenden Auslegung der Wortlaut des Gesetzes entgegen. Im Fall des „von Rohdich'schen Legatenfonds"[6] konnte aus diesem Grunde dem Beschwerdeführer durch eine ausdehnende Auslegung nicht geholfen werden; denn die nach § 2 Abs. 1 G 131 berechtigten Gruppen waren in der Anlage A einzeln aufgeführt.

Soweit der Wortlaut des Gesetzes und der Wille des Gesetzgebers aber nicht ganz eindeutig sind, ist eine verfassungskonforme Auslegung zugunsten des Beschwerdeführers möglich. Als Beispiel sei hier die Entscheidung in BVerfGE 27, 142 angeführt, in der das BVerfG einem Beamten aufgrund verfassungskonformer Auslegung des § 18 Abs. 1 Satz 1 Nr. 5 BBesG 1963 (BGBl I S. 901) einen Anspruch auf Kinderzuschlag auch für ein „Enkelpflegekind" zugesprochen hat. Nach § 18 Abs. 1 Satz 1 Nr. 5 BBesG wird einem Beamten der Kinderzuschlag für Pflegekinder gewährt, wenn für deren Unterhalt von anderer Seite nicht mehr als 125,— DM gezahlt werden. Für Enkelkinder, die der Beamte in seiner Wohnung aufgenommen hat, wird gem. § 18 Abs. 1 Satz 1 Nr. 6 BBesG der Kinderzuschlag nur gezahlt, wenn keine andere Person gegenüber dem Kind unterhaltspflichtig ist. Der Beschwerdeführer begehrte Kinderzuschlag für sein bei ihm lebendes Enkelkind, dessen Eltern ihrer Unterhaltspflicht nicht nachkamen. Das BVerwG hatte das Begehren des Beschwerdeführers in letzter Instanz abge-

---

[4] BVerfGE 18, 97 (111) m. w. N.; siehe auch *Leibholz-Rinck,* Einführung, Anm. 4.
[5] Vgl. z. B. BVerfGE 29, 1; Gegenstand der Entscheidung war hier § 18 Abs. 6 LBesG NRW i. d. F. v. 19. August 1965 (GVBl S. 258), der bestimmte: „Für verheiratete... Kinder wird kein Kinderzuschlag gewährt". Eine verfassungskonforme Einschränkung dieser mit den GG nicht vereinbaren Ausschlußregelung schied nach dem Wortlaut und dem Willen des Gesetzgebers aus.
[6] BVerfGE 15, 46; siehe auch § 1 II, 3.

wiesen, weil seiner Ansicht nach die Voraussetzungen der Nr. 6 nicht erfüllt waren und Nr. 5 nicht eingriff. Nach dieser Auslegung lag also eine gesetzliche Benachteiligung der Beamten mit „Enkelpflegekindern" vor. Das BVerfG ist dieser Auffassung nicht gefolgt. Es hat unter Berücksichtigung des Art. 3 Abs. 1 GG den § 18 Abs. 1 Satz 1 Nr. 5 BBesG verfassungskonform dahin ausgelegt, daß auch für Enkelkinder nach dieser Vorschrift Kinderzuschlag zu zahlen ist, wenn die übrigen Voraussetzungen erfüllt sind. Das Gericht meint, für eine Ungleichbehandlung von „Nurpflegekindern" und „Enkelpflegekindern" fehle ein sachlicher Grund; „Enkelpflegekinder" könnten sowohl als Pflegekinder i. S. d. Nr. 5 als auch als Enkelkinder i. S. d. Nr. 6 angesehen werden. Die Entstehungsgeschichte der Norm stehe — wie im einzelnen ausgeführt wird — der verfassungskonformen Auslegung nicht entgegen[7]. Bei dieser Auslegung verstößt das Gesetz nicht gegen Art. 3 Abs. 1 GG; das BVerfG brauchte daher nur das Urteil des BVerwG wegen Verletzung des Art. 3 Abs. 1 GG aufzuheben und die Sache an das BVerwG zurückzuverweisen. Damit konnte alsbald eine dem Beschwerdeführer günstige gerichtliche Entscheidung ergehen.

§ 4 Richterliche Rechtsfortbildung

I. Fragestellung

Ergibt die Auslegung, daß der Beschwerdeführer von der begünstigenden Norm nicht erfaßt wird, und liegt kein ausdrücklicher Ausschluß vor, so ist ein Unterlassen des Gesetzgebers[1] bzw. eine stillschweigende willkürliche Nichtbegünstigung[2] gegeben. Diese Unvollständigkeit des Gesetzes braucht dem Bürger aber nicht zum Nachteil zu gereichen, wenn die Gerichte im Wege der Rechtsfortbildung seinem Begehren auf Teilhabe an der Vergünstigung stattgeben können.

Die Frage, ob und wann bei gesetzgeberischem Unterlassen und willkürlicher Nichtbegünstigung eine Rechtsfortbildung möglich ist, hat bisher im Schrifttum, soweit es sich mit der Verfassungsbeschwerde gegen gesetzgeberisches Unterlassen eingehend beschäftigt, kaum Beachtung gefunden[3]. Lediglich *Schumann* hat im Rahmen seiner Kritik an der verfassungsgerichtlichen Rechtsprechung zur Urteilsverfassungs-

---

[7] BVerfGE 27, 142 (151 f.).
[1] Vgl. § 1 I, Fn. 16.
[2] Vgl. § 1 I, Fn. 23.
[3] Erst *H. Brinkmann*, Gesetz, S. 107 ff., hat sich in seiner jüngst erschienenen Untersuchung über die konkrete Normenkontrolle nach Art. 100 Abs. 1 GG näher mit diesem Problem auseinandergesetzt.

beschwerde kurz ausgeführt[4]: In den Fällen gesetzgeberischen Unterlassens liege stets ein rechtspolitischer Fehler vor, den die Gerichte nicht korrigieren könnten. Diese Stellungnahme gibt Anlaß, im folgenden auf die Frage der Rechtsfortbildung und damit auch auf den Begriff des gesetzgeberischen Unterlassens näher einzugehen. Im Rahmen dieser Untersuchung werden je nach der Art des gesetzgeberischen Fehlverhaltens die folgenden zwei Fallgruppen unterschieden und auch getrennt behandelt:

Die „Benachteiligung" durch den Gesetzgeber kann darin bestehen, daß dieser in einer begünstigenden Norm eine bestimmte Personengruppe nicht erwähnt, obwohl deren Einbeziehung geboten ist. Dabei kann die Berücksichtigung dieser Gruppe geboten sein entweder aufgrund eines Verfassungsauftrages in Verbindung mit dem allgemeinen Gleichheitssatz (sog. teilweises gesetzgeberisches Unterlassen) oder allein aufgrund des Gleichheitssatzes (sog. stillschweigende willkürliche Nichtbegünstigung). In beiden Fällen wird der Beschwerdeführer stets die Unvollständigkeit des Gesetzes rügen. Hiervon zu unterscheiden und auch getrennt zu untersuchen sind die Fälle, in denen der Gesetzgeber einen Verfassungsauftrag überhaupt nicht ausgeführt hat, so daß eine einfachgesetzliche Regelung ganz fehlt (sog. absolutes Unterlassen des Gesetzgebers).

II. Rechtsfortbildung bei teilweisem Unterlassen des Gesetzgebers und willkürlicher Nichtbegünstigung

1. *Stellungnahmen im Schrifttum*

Im Schrifttum ist, wenn man von den Äußerungen *Schumanns* und *H. Brinkmanns* einmal absieht, das Problem der Rechtsfortbildung bei gesetzgeberischem Unterlassen bisher direkt noch nicht angesprochen worden. Jedoch ist aus der von manchen Autoren vertretenen Definition des gesetzgeberischen Unterlassens zu entnehmen, daß eine Rechtsfortbildung nicht für möglich gehalten wird.

Schneider[5] und *Stahler*[6] sind z. B. der Ansicht, daß ein mit der Verfassungsbeschwerde anfechtbares Unterlassen des Gesetzgebers immer dann gegeben ist, wenn die benachteiligte Gruppe nicht in einem Satz, Satzteil oder Wort des Gesetzes ausdrücklich von der Vergünstigung ausgeschlossen wird. Beide Autoren gehen damit von einem formalen Unterlassensbegriff aus, indem sie allein auf den Wortlaut des Ge-

---

[4] *Schumann*, AöR 88, 332, 338.
[5] *R. Schneider*, AöR 89, 24 (26 f.).
[6] *Stahler*, S. 2 ff. (6, FN 2; 7, FN 2).

setzes abstellen. Aus ihren weiteren Ausführungen folgt, daß sie jedes Schweigen des Gesetzes als ein rechtlich relevantes Unterlassen des Gesetzgebers ansehen, gegenüber dem nur das BVerfG dem Bürger Schutz gewähren kann. Nach Stahler[7] ist ein rechtlich relevantes Unterlassen des Gesetzgebers selbst dann anzunehmen, wenn dieser beim Erlaß eines Gesetzes einen Teilsachverhalt übersehen und deshalb nicht geregelt hat. Auf die Frage, ob in diesem Fall nicht eine durch Rechtsfortbildung zu schließende Gesetzeslücke vorliegen könnte, wird nicht eingegangen.

Seiwerth[8] versteht unter gesetzgeberischem Unterlassen sowohl die Nichtvornahme einer vom GG gebotenen Regelung als auch den gegen einen Verfassungsauftrag verstoßenden ausdrücklichen Ausschluß in einer begünstigenden Norm. Er vertritt also einen materiellen Unterlassensbegriff. Aber auch nach ihm ist ein rechtlich relevantes Unterlassen des Gesetzgebers schon dann gegeben, wenn eine den Beschwerdeführer begünstigende Regelung fehlt.

2. Kritik

a) Diese Begriffsbestimmungen des rechtlich relevanten gesetzgeberischen Unterlassens überzeugen nicht. Nach ihnen stellt nämlich jedes Schweigen des Gesetzes eine nur durch Tätigwerden des Gesetzgebers zu beseitigende Benachteiligung des Bürgers dar. Hierbei wird jedoch übersehen, daß beim Schweigen des Gesetzes unterschieden werden muß zwischen der von den Gerichten zu schließenden Gesetzeslücke und dem rechtspolitischen Fehler[9], den die Gerichte nicht korrigieren dürfen. Es ist heute anerkannt, daß Gesetze vielfach lückenhaft sind[10]. Die zur Rechtsanwendung berufenen Organe stehen daher häufig Gesetzeslücken gegenüber, die sie im Wege der Rechtsfortbildung unter Beachtung der Wertentscheidungen des Gesetzgebers zu schließen haben. Die Aufgabe der Rechtsfortbildung fällt vor allem den Gerichten zu, die aufgrund der Bindung an das Recht (Art. 20 Abs. 3 GG) befugt und verpflichtet sind, Lücken des Gesetzes mit den herkömmlichen Mitteln richterlicher Rechtsschöpfung auszufüllen[11]. Das Gebot der Lückenausfüllung gilt, abgesehen von dem hier nicht interessierenden

---

[7] *Stahler*, S. 6.
[8] *Seiwerth*, S. 71 f.
[9] Vgl. hierzu *Larenz*, Methodenlehre, S. 353 f.
[10] *Brox*, Irrtumsanfechtung, S. 118 f.; *Enneccerus-Nipperdey*, § 58 I; *Haueisen*, S. 193; *Larenz*, S. 341 f.; *D. Reinicke*, JuS 1964, 421; *Ule*, DVBl 1965, 325 ff.
[11] Vgl. BVerfGE 3, 225 (242 f.); 13, 153 (164); 25, 167 (183); BGHZ 3, 308 (315); BSGE 6, 205 (211); siehe auch Literatur in FN 10 und *Canaris*, S. 37, FN 95; *Coing*, S. 338 ff.; *H. P. Schneider*, S. 12 f.; *Stein*, NJW 1964, 1745.

Bereich des Strafrechts, auf allen Gebieten unseres Rechts. Es gilt auch im Bereich des öffentlichen Rechts[12] und wird hier von den Gerichten, soweit es um die Schließung von Gesetzeslücken in begünstigenden Normen geht, auch befolgt[13].

Der Ausfüllung wirklicher Gesetzeslücken in begünstigenden Regelungen des öffentlichen Rechts steht der Vorbehalt des Gesetzes nicht entgegen[14]. Dieser aus dem Prinzip der Gesetzmäßigkeit der Verwaltung und damit aus Art. 20 Abs. 3 GG folgende Grundsatz besagt, daß in den dem Gesetzesvorbehalt unterliegenden Sachbereichen jede Regelung seitens der Verwaltung einer positiven gesetzlichen Ermächtigungsgrundlage bedarf[15]. Der Gesetzesvorbehalt dient dem Schutz des Einzelnen gegenüber der staatlichen Gewalt. Es besteht deshalb Einigkeit[16], daß im Bereich der Eingriffsverwaltung eine den Bürger belastende Maßnahme der Verwaltung nur aufgrund einer positiven gesetzlichen Regelung ergehen darf. Umstritten ist jedoch, ob und inwieweit der Vorbehalt des Gesetzes für den Bereich der gewährenden Staatstätigkeit gilt, um den es in den Fällen teilweisen Unterlassens des Gesetzgebers und willkürlicher Nichtbegünstigung im wesentlichen geht. Zum Teil wird die Ansicht vertreten[17], der Vorbehalt des Gesetzes gelte nicht für die leistende Verwaltung, wenn mit der Leistung weder für den Empfänger noch für einen Dritten eine Belastung verbunden sei. Danach steht also der Gesetzesvorbehalt auf dem Gebiet rein gewährender Staatstätigkeit der Schließung von Gesetzeslücken nicht entgegen. Aber auch nach der Meinung, welche die Leistungsverwaltung unter den Vorbehalt des Gesetzes stellt, ist die Ausfüllung wirklicher Gesetzeslücken in begünstigenden Regelungen nicht ausgeschlossen. Die Vertreter eines auch die leistende Verwaltung umfassenden Gesetzesvorbehaltes wollen zum Schutze des Einzelnen sichergestellt wissen, daß die zuständigen Stellen nicht völlig gesetzesfrei nach ihrer

---

[12] Vgl. BVerfGE 13, 153 (164); *Bachof*, Bd. I, S. 102, Nr. 6; ders., Bd. II, S. 17 f., Nr. 10; *Engisch*, S. 134; *Haueisen*, S. 193 ff.; *Ule*, VerwArch Bd. 52, 425 (427); ders., DVBl 1965, 325 ff.; *Weber-Lortsch*, in Arndt-Heinrich-Weber-Lortsch, S. 48 ff.

[13] Siehe z. B. BSGE 10, 189 (193); 18, 55 (60); 20, 41 ff.; BVerwGE 11, 263 (264); 12, 181 (182); weitere Beispiele bei *Haueisen* (a.a.O.) und *Weber-Lortsch* (a.a.O.).

[14] a. M. für die Schweiz *Giacometti* (S. 206 ff.), der, ausgehend von der Lückenlosigkeit des materiellen Verwaltungsrechts, eine Rechtsfortbildung auf diesem Gebiet mit Rücksicht auf den Grundsatz der Gewaltenteilung für unzulässig hält. Für das deutsche Verwaltungsrecht ist *Ule* dieser Auffassung mit Recht entgegengetreten (siehe Nachweise in FN 19).

[15] Vgl. *Bachof*, Bd. II, S. 21, Nr. 14.

[16] Siehe z. B. *Hesse*, S. 81, 205; *H. J. Wolff*, Verwaltungsrecht I, § 30 III b.

[17] So z. B. *Maunz-Dürig*, Art. 20, Rdnr. 135 f.; *H. J. Wolff*, Verwaltungsrecht III, § 138 III m. w. N.; a. M. *Hamann*, Hamann-Lenz, Art. 20, B 9 b m. w. N.

eigenen Entscheidung Vergünstigungen gewähren[18]. Deshalb wird gefordert, der Gesetzgeber müsse den Kreis der Begünstigten umschreiben; denn nur das generelle und abstrakte materielle Gesetz könne eine sachliche Gleichheit bei der Vergabe von Vergünstigungen garantieren[19]. Die Verwaltung sei aus eigener Kraft hierzu nicht in der Lage; ihr werde nämlich mit dem Einzelfall immer nur ein kleiner Ausschnitt aus der Fülle der möglichen Tatbestände zur Entscheidung vorgelegt. Die hier aufgezeigte Gefahr einer gesetzesfreien Leistungsverwaltung besteht jedoch nicht, wenn es lediglich darum geht, Gesetzeslücken in begünstigenden Regelungen zu schließen. Das rechtsanwendende Organ hat sich nämlich bei der Ausfüllung der Lücke an den richtungsweisenden Wertungen des Gesetzes zu orientieren[20]; es kann somit nicht nach eigenem Gutdünken entscheiden.

Gegen ein Verbot richterlicher Rechtsfortbildung bei lückenhaften begünstigenden Normen des öffentlichen Rechts spricht nicht zuletzt auch die Erkenntnis der juristischen Methodenlehre, daß eine klare Abgrenzung der erweiternden Auslegung von der Lückenausfüllung durch Analogie nicht möglich ist[21]. Die Grenzen zwischen beiden sind fließend. Wollte man in dem Gesetzesvorbehalt ein grundsätzliches Verbot der Lückenausfüllung sehen, so müßte die Auslegung öffentlichrechtlicher Normen streng auf den Wortlaut beschränkt werden; denn schon bei einer den Zweck des Gesetzes berücksichtigenden Auslegung besteht die Gefahr, daß die Rechtsanwendung in eine offene Rechtsfortbildung übergeht. Daß im öffentlichen Recht die Auslegung von Rechtsnormen auf den Wortlaut beschränkt sei, wird aber allgemein mit Recht abgelehnt. Der Vorbehalt des Gesetzes verbietet daher in den Fällen gesetzgeberischen Unterlassens und willkürlicher Nichtbegünstigung die rechtsschöpferische Schließung von Gesetzeslücken nicht, sofern sich die Unvollständigkeit des Gesetzes als Gesetzeslücke darstellt[22].

b) Geht man davon aus, daß Gesetzeslücken im Wege der Rechtsfortbildung praeter legem zu schließen sind, so kann entgegen der Ansicht von *Stahler* und *Schneider*[23] eine nur vom Gesetzgeber zu beseitigende Benachteiligung des Bürgers durch gesetzgeberisches Unterlassen nicht schon dann bejaht werden, wenn der Beschwerdeführer einer Personengruppe angehört, die in der begünstigenden Regelung

---

[18] Vgl. *Schaumann*, JZ 1966, 721 ff.; *Selmer*, JuS 1968, 489 ff. m. w. N.
[19] So *Selmer*, JuS 1968, 489 (496).
[20] Vgl. auch *Zippelius*, JZ 1970, 241 (244).
[21] So vor allem *Schlosser*, S. 280 ff.; vgl. auch *Haueisen*, S. 193 (201); *Larenz*, Methodenlehre, S. 343, FN 2 m. w. N.
[22] Vgl. auch *H. Brinkmann*, Gesetz, S. 115 ff.
[23] Vgl. § 4 II, FN 6 u. 5.

nicht erwähnt wird. Hier ist vielmehr zunächst zu prüfen, ob die „Benachteiligung" des Bürgers mit den herkömmlichen Mitteln richterlicher Rechtsfortbildung behoben werden kann. Daß in den Fällen gesetzgeberischen Unterlassens zwischen der durch Analogie zu schließenden Gesetzeslücke und dem rechtspolitischen Fehler zu unterscheiden ist, hat auch das BVerfG zumindest der Terminologie nach nicht beachtet; denn sonst hätte es bei einem teilweisen Unterlassen des Gesetzgebers nicht von einer Gesetzeslücke gesprochen, deren Nichtigerklärung ausscheide[24]. Bei einer echten Gesetzeslücke stellt sich nämlich die Frage der Nichtigerklärung nicht.

3. Zulässigkeit und Grenzen einer Analogie bei teilweisem gesetzgeberischen Unterlassen und willkürlicher Nichtbegünstigung

a) Für den Grundrechtsschutz des Einzelnen bei gesetzgeberischem Unterlassen und willkürlicher Nichtbegünstigung kommt es demnach darauf an, die durch Rechtsschöpfung zu schließende Regelungslücke von dem verfassungswidrigen rechtspolitischen Fehler, den nur das BVerfG beseitigen kann, abzugrenzen.

Unter einer Regelungslücke wird allgemein die planwidrige Unvollständigkeit eines Gesetzes verstanden. Es besteht jedoch im Schrifttum keine Einigkeit darüber, wie eine solche planwidrige Unvollständigkeit zu bestimmen ist. Zum Teil wird eine Regelungslücke angenommen[25], wenn das Gesetz sich nach dem Grundgedanken und der immanenten Teleologie der gesetzlichen Regelung als unvollständig erweist. Nach anderer Ansicht ist Maßstab für die Bestimmung einer Gesetzeslücke nicht nur der Zweck des Gesetzes, sondern auch die geltende Rechtsordnung[26]. Auf den Unterschied zwischen beiden Meinungen braucht im vorliegenden Zusammenhang nicht näher eingegangen zu werden; denn nach beiden Auffassungen ist bei einem Gesetz, das aus einer Reihe ähnlich gelagerter Sachverhalte nur bestimmte ausdrücklich erfaßt, das Vorliegen einer Regelungslücke unter Berücksichtigung des vom Gesetz verfolgten Zwecks und des Gleichbehandlungsgrundsatzes zu bestimmen[27].

Hiernach kann ein teilweises Unterlassen des Gesetzgebers oder eine im Schweigen des Gesetzes liegende willkürliche Nichtbegünstigung

---

[24] Vgl. BVerfGE 22, 349 (360).
[25] So *Larenz*, Methodenlehre, S. 350 ff. (354).
[26] Vgl. *Engisch*, S. 135; *Göldner*, S. 75 ff.; siehe auch *Canaris*, S. 31 ff. (39) m. w. N. zur h. M., welche die Gesetzeslücke vom geltenden Recht her bestimmt und so von dem rechtspolitischen Fehler abgrenzt.
[27] Siehe *Larenz*, Methodenlehre, S. 354, 378; *Canaris*, S. 71 ff.

eine durch Analogie zu schließende Regelungslücke darstellen[28]. Denn wenn der Gesetzgeber einen bestimmten Personenkreis im Tatbestand einer begünstigenden Norm nicht erwähnt, obwohl die Verhältnisse bei dieser Gruppe ebenso liegen wie bei dem begünstigten Personenkreis, ist stets der allgemeine Gleichheitssatz (Art. 3 Abs. 1 GG) oder eine seiner Konkretisierungen[29] berührt, weil für gleichgelagerte Sachverhalte nicht die gleiche Rechtsfolge vorgesehen ist. Nach der Terminologie von *Canaris*[30] kann es sich hier, sofern kein rechtspolitischer Fehler vorliegt, nur um eine „teleologische Lücke" handeln. Bei der „teleologischen Lücke" wird aufgrund des Ähnlichkeitsschlusses festgestellt, ob das Gesetz eine planwidrige Unvollständigkeit aufweist. Der Weg zur Ausfüllung dieser Lücke ist dann durch den Gleichheitssatz vorgeschrieben, der hier die analoge Anwendung der positiven Teilregelung auf die nicht vom Gesetz erfaßten Sachverhalte gebietet. Soweit also bei teilweisem Unterlassen des Gesetzgebers und stillschweigender willkürlicher Nichtbegünstigung das Schweigen des Gesetzes als Regelungslücke auszulegen ist, muß diese Lücke durch analoge Anwendung der positiven Teilregelung geschlossen werden. Die Gerichte haben hier im Wege der Rechtsfortbildung dem Begehren des übergangenen Bürgers stattzugeben; sie brauchen ihre Entscheidung nicht auszusetzen, bis daß der Gesetzgeber die unvollständige Regelung ergänzt hat.

b) Eine durch Analogie zu schließende „teleologische Lücke" ist jedoch nicht gegeben, soweit das Schweigen des Gesetzes beredt ist[31], d. h. wenn ein die Gerichte bindendes Analogieverbot des Gesetzgebers vorliegt. Ein beredtes Schweigen und damit ein Analogieverbot sind nur anzunehmen, sofern der Gesetzgeber den Kreis der Begünstigten in der Norm bewußt so eng umschrieben hat, weil er allein die in der Vorschrift aufgeführten Tatbestände mit der angeordneten Rechtsfolge versehen wollte[32]. In diesem Fall sind alle nicht erwähnten Sachverhalte konkludent ausgeschlossen. Ob ein solcher konkludenter Begünstigungsausschluß vorliegt, ist durch Auslegung zu ermitteln. Ein konkludenter Ausschluß aller nicht erwähnten Gruppen kann z. B. aus der Aufzählung der einzelnen begünstigten Personengruppen zu entnehmen sein; obwohl — worauf *Canaris*[33] hinweist — nicht jede Rege-

---

[28] Vgl. auch *Obermayer*, NJW 1966, 1885 (1889), der in diesen Fällen von „nicht evidenten Lücken" spricht und auf die Möglichkeit einer Analogie hinweist. Ähnlich neuerdings auch *H. Brinkmann*, Gesetz, S. 108 ff.
[29] Vgl. *Leibholz-Rinck*, Art. 3, Anm. 7.
[30] *Canaris*, S. 71 ff., 149 ff.; ähnlich *Larenz*, Methodenlehre, S. 378 f.
[31] Vgl. *Canaris*, S. 43 f., 46 f.; *Engisch*, S. 138 ff.; *Larenz*, Methodenlehre, S. 350, 357; ders., NJW 1965, 1 (5).
[32] So auch *Larenz*, NJW 1965, 1 (5).
[33] Siehe *Canaris*, S. 184 ff. m. w. N.

lung nach dem Enumerationsprinzip ein Analogieverbot enthalten muß. Im Rahmen der gewährenden Staatstätigkeit wird jedoch der Umstand, daß in einer begünstigenden Norm die berechtigten Gruppen einzeln aufgezählt sind, in der Regel für einen konkludenten Ausschluß der nicht erwähnten Fälle und damit für ein Analogieverbot sprechen. Der Gesetzgeber, der ja auch die finanzielle Durchführung des Gesetzes sicherzustellen hat, wird hier nämlich allein die im Tatbestand der Norm aufgeführten Sachverhalte erfassen wollen; nur so bleibt nämlich die mit dem Gesetz verbundene finanzielle Belastung des Staates überschaubar[34]. Im Fall des „von Rohdich'schen Legatenfonds"[35] konnte daher das BAG von sich aus, also vor einer Entscheidung des BVerfG, dem Begehren des Klägers nicht stattgeben; denn die Anlage A zu § 2 Abs. 1 G 131 enthielt eine abschließende Aufzählung der berechtigten Gruppen. Aus dem Wortlaut des § 2 Abs. 1 G 131 ist zu entnehmen, daß allein die ehemaligen Angehörigen der in der Anlage A aufgeführten Einrichtungen Ansprüche nach dem G 131 haben sollen.

Ein konkludenter Ausschluß der nicht in der Norm erwähnten Gruppen und damit ein Analogieverbot dürfen aber erst angenommen werden, wenn auch eine verfassungskonforme Auslegung nicht dazu führt, eine „teleologische Lücke" zu begründen. Es ist ein Gebot der in Rechtsprechung[36] und Lehre[37] anerkannten verfassungskonformen Gesetzesergänzung, daß ein gegen das GG verstoßendes Analogieverbot nicht anzunehmen ist, sofern das Schweigen des Gesetzes noch als Gesetzeslücke verstanden werden kann[38]. Die verfassungskonforme Gesetzesergänzung scheidet jedoch aus, wenn sie mit dem Wortlaut des Gesetzes oder dem klar erkennbaren Willen des Gesetzgebers nicht vereinbar ist.

Im Fall des „von Rohdich'schen Legatenfonds"[39] kam vor der Entscheidung des BVerfG[40] eine verfassungskonforme Gesetzesergänzung durch die Arbeitsgerichte nicht in Betracht; denn der Wortlaut des

---

[34] Daß eine Regelung nach dem Enumerationsprinzip vielfach den gewollten Ausschluß der nicht erwähnten Sachverhalte enthält, hat auch das BVerfG anerkannt; vgl. BVerfGE 13, 284 (287); 15, 126 (132).
[35] BVerfGE 15, 46 (60); siehe auch § 1 II, 3.
[36] BVerfGE 2, 336 (340); BSGE 10, 189 (193); vgl. auch BVerfGE 25, 101 (107 f.), wo zunächst mit Recht geprüft wird, ob die Steuervergünstigung nicht durch verfassungskonforme Auslegung und Gesetzesergänzung auf die Beschwerdeführerin ausgedehnt werden konnte.
[37] *Bender*, MDR 1959, 441 (444); *H. Bogs*, S. 46 ff. (57 f.); *Eckardt*, S. 42 ff.; *G. und D. Reinicke*, NJW 1955, 1662 (1665); ausführlich neuerdings *Göldner*, S. 67 ff., 149 ff. m. w. N.
[38] Vgl. BVerfGE 2, 336; so wohl auch *G. und D. Reinicke*, NJW 1955, 1662 (1665).
[39] BVerfGE 15, 46.
[40] Ob nach einer entsprechenden Entscheidung des BVerfG eine lückenschließende Rechtsfortbildung des BAG möglich gewesen wäre, ist im 2. Teil der Arbeit zu erörtern (vgl. § 9 II, 2).

Gesetzes und der Wille des Gesetzgebers sprachen eindeutig für einen Ausschluß des Klägers. Als Beispiel für eine verfassungskonforme Einschränkung eines konkludenten Begünstigungsausschlusses und die dadurch ermöglichte analoge Anwendung der positiven Regelung ist die Entscheidung des BVerfG über die Gewährung von Kindergeld an die „mittelbaren Arbeitnehmer" des öffentlichen Dienstes zu nennen[41]. Nach § 7 Abs. 1 Nr. 3 BKGG vom 14. April 1964 (BGBl I S. 265) waren die unmittelbaren Arbeitnehmer und gem. § 7 Abs. 1 Nr. 4 BKGG die „mittelbaren Arbeitnehmer"[42] des öffentlichen Dienstes vom Bezug des Kindergeldes ausgeschlossen, weil für sie in der Regel dem Kindergeld vergleichbare Kinderzuschläge aufgrund von Tarifverträgen gewährt werden. Die Möglichkeit, daß ein Tarifvertrag einmal fehlt, hatte der Gesetzgeber nur für die unmittelbaren Arbeitnehmer des öffentlichen Dienstes bedacht; dieser Gruppe war beim Fehlen eines Tarifvertrages in § 7 Abs. 6 BKGG ein Anspruch gegen den Arbeitgeber auf einen dem Kindergeld entsprechenden Betrag eingeräumt worden. § 7 Abs. 6 BKGG bezeichnete als Anspruchsberechtigte ausdrücklich nur die Arbeitnehmer nach § 7 Abs. 1 Nr. 3. Es lag daher nahe, einen konkludenten Begünstigungsausschluß der in § 7 Abs. 1 Nr. 4 erwähnten „mittelbaren Arbeitnehmer" anzunehmen. Das BVerfG hat jedoch aufgrund verfassungskonformer Auslegung einen solchen konkludenten Ausschluß verneint und ausgeführt, Sinn und Zweck des § 7 Abs. 6 BKGG erforderten die analoge Anwendung dieser Vorschrift auch auf die „mittelbaren Arbeitnehmer"[43].

c) Die Untersuchung hat gezeigt, daß eine nur vom BVerfG zu beseitigende Benachteiligung des Bürgers durch teilweises Unterlassen des Gesetzgebers oder willkürliche Nichtbegünstigung lediglich dann gegeben ist, wenn der Gesetzgeber einen konkludenten Begünstigungsausschluß und damit ein Analogieverbot angeordnet hat. Es handelt sich hier also entgegen der Ansicht von *Stahler*[44] nicht um ein Unterlassen des Gesetzgebers im Sinne eines Untätigseins[45]. Ist der Gesetzgeber teilweise untätig geblieben, so können die Gerichte der Benachteiligung des Bürgers abhelfen. Ergibt die Auslegung jedoch, daß ein konkludenter Ausschluß und damit ein Analogieverbot vorliegen, so unterscheidet sich die Rechtslage nicht von der bei einem ausdrück-

---

[41] BVerfGE 22, 28.
[42] Gemeint sind Arbeitnehmer, die im Dienst einer in der Form des privaten Rechts geführten Betriebsverwaltung einer öffentlich-rechtlichen jur. Person stehen.
[43] BVerfGE 22, 28 (35, 37).
[44] Siehe § 4 II, FN 6, 7.
[45] Vgl. BVerwG, DVBl 1969, 462 (463 f.), das ebenfalls zwischen einem Unterlassen durch konkludenten Ausschluß und einem Unterlassen im Sinne von Untätigsein unterscheidet.

lichen Begünstigungsausschluß. Hier wie dort muß das BVerfG aufgrund einer zulässigen Verfassungsbeschwerde über die Verfassungswidrigkeit des jeweiligen Ausschlusses entscheiden. In beiden Fällen stellt sich die Frage, ob das BVerfG mit Rücksicht auf die Gestaltungsfreiheit des Gesetzgebers nur einen Grundrechtsverstoß feststellen darf und damit die Gerichte ihre Entscheidung bis zur Änderung des Gesetzes auszusetzen haben.

III. Rechtsfortbildung bei absolutem Unterlassen des Gesetzgebers

A. Absolutes gesetzgeberisches Unterlassen und Grundrechtsschutz

1. Beispiele absoluten gesetzgeberischen Unterlassens

a) Ein absolutes Unterlassen ist dem Gesetzgeber vorzuwerfen, wenn er einen Gesetzgebungsauftrag des GG überhaupt nicht ausgeführt hat, so daß für einen bestimmten Lebensbereich gesetzliche Regelungen fehlen. Hier handelt es sich also stets um ein echtes Untätigsein des Gesetzgebers, das eine sog. „Gebietslücke"[46] zur Folge hat.

Ein absolutes gesetzgeberisches Unterlassen, das den Einzelnen in seinen Grundrechten verletzt, dürfte im Gegensatz zum teilweisen Unterlassen und zur willkürlichen Nichtbegünstigung nur selten vorkommen. Da die meisten Bereiche des staatlichen und gesellschaftlichen Lebens zumindest teilweise rechtlich geregelt sind, wird es sich bei einem Grundrechte verletzenden gesetzgeberischen Unterlassen in der Regel entweder um eine Gesetzeslücke oder um einen stillschweigenden Ausschluß handeln[47]. In der Vergangenheit hat sich jedoch gezeigt, daß ein den Grundrechtsbereich betreffendes absolutes Unterlassen des Gesetzgebers nicht gänzlich ausgeschlossen ist. So ergab sich z. B. eine Gebietslücke im bürgerlichen Recht, als gem. Art. 117 Abs. 1 GG das mit Art. 3 Abs. 2 GG unvereinbare Recht außer Kraft trat, ohne daß der Gesetzgeber bis dahin ein Anpassungsgesetz erlassen hatte[48]. Eine Gebietslücke hätte auch entstehen können, wenn entsprechend der Entscheidung des BVerfG vom 29. Januar 1969[49] mit Ablauf der 5. Legislaturperiode das gegen Art. 6 Abs. 5 GG verstoßende Nichtehelichenrecht des BGB außer Kraft getreten und der Gesetzgeber nicht tätig geworden wäre.

---

[46] Vgl. hierzu *Canaris*, S. 137.
[47] Ähnlich *Lerche*, AöR 90, 341 (352).
[48] Vgl. *Canaris*, S. 137.
[49] BVerfGE 25, 167 (188).

b) Diese Beispiele absoluten gesetzgeberischen Unterlassens gehören zwar der Vergangenheit an. Es ist jedoch für die Zukunft nicht auszuschließen, daß infolge einer wesentlichen Änderung der Verhältnisse sich bestimmte Fragen ergeben, deren gesetzliche Regelung unterbleibt, obwohl der Gesetzgeber aufgrund eines Gesetzgebungsauftrags des GG hierzu verpflichtet ist[50]. Im folgenden ist deshalb darauf einzugehen, ob auch bei einem absoluten Unterlassen des Gesetzgebers eine verfassungskonforme Rechtsfortbildung durch die Gerichte möglich ist.

2. Begrenzung der Untersuchung im Hinblick auf den Grundrechtsschutz

a) Die Frage, ob und ggf. inwieweit eine Rechtsfortbildung bei absolutem gesetzgeberischen Unterlassen in Betracht kommt, bedarf mit Rücksicht auf den Gegenstand der Untersuchung einer Begrenzung. Gegenstand der Arbeit ist die Urteilsverfassungsbeschwerde bei gesetzgeberischem Unterlassen. Mit der Verfassungsbeschwerde kann nur eine Verletzung der Grundrechte und der in Art. 93 Abs. 1 Nr. 4 a GG bzw. § 90 Abs. 1 BVerfGG aufgezählten grundrechtsähnlichen Rechte gerügt werden[51]. Demnach sind für die weitere Untersuchung nur die Verfassungsaufträge von Bedeutung, die in diesen Vorschriften des GG enthalten sind. Denn nur aufgrund dieser Bestimmungen kann dem Bürger ein mit der Verfassungsbeschwerde durchsetzbarer Anspruch gegen den Gesetzgeber zustehen[52].

Die hier vertretene Auffassung ist in neuerer Zeit von *Lerche*[53] und *Seufert*[54] unter Bezugnahme auf die Rechtsprechung des BVerfG zu Art. 2 Abs. 1 GG[55] in Frage gestellt worden. Nach Ansicht beider Autoren kann der Einzelne die Nichtausführung eines außerhalb des Grundrechtskatalogs stehenden Verfassungsauftrags als Verletzung seines Grundrechts aus Art. 2 Abs. 1 GG rügen, sofern dieser Auftrag ihm eine Vergünstigung in Aussicht stellt. Die Nichtausführung eines solchen Verfassungsauftrags beinhalte ebenso wie ein verfassungswidriges Steuergesetz einen belastenden Eingriff in die durch Art. 2 Abs. 1 GG geschützte Freiheitssphäre des Bürgers.

---

[50] Vgl. BVerfGE 8, 1 (18 f.), wonach der Gesetzgeber das Recht des Beamten auf angemessene Alimentation (Art. 33 Abs. 5 GG) verletzt, wenn er eine erforderliche Besoldungsänderung nicht vornimmt. Siehe auch *Seiwerth*, S. 89, der ein Beispiel zu Art. 6 Abs. 4 GG anführt.
[51] Siehe auch BVerfGE 3, 58 (74); 6, 376 (385).
[52] So auch *Rauschning*, S. 221; *Schmidt-Bleibtreu*, Maunz-Sigloch, § 90, Rdnr. 55; *Schweda*, S. 117 ff.
[53] *Lerche*, AöR 90, 341 (359).
[54] *Seufert*, S. 242 ff. (248 f.).
[55] Vgl. BVerfGE 6, 32 (37, 41); 9, 3 (11) u. 83 (88); 21, 1 (3).

§ 4 Richterliche Rechtsfortbildung

Dieser Argumentation kann jedoch nicht gefolgt werden. Sie findet in der Rechtsprechung des BVerfG zu Art. 2 Abs. 1 GG[56] keine hinreichende Stütze. Denn auch nach der Ansicht des BVerfG ist Art. 2 Abs. 1 GG ein Abwehrrecht, das auf die Unterlassung verfassungswidriger staatlicher Eingriffe, nicht aber auf ein staatliches Handeln gerichtet ist[57]. Art. 2 Abs. 1 GG gewährt dem Bürger nach Meinung des BVerfG eine umfassende Freiheit, die durch die Schranken des Art. 2 Abs. 1, 2. Halbsatz, insbesondere durch die verfassungsmäßige Ordnung, begrenzt wird. Eine Beeinträchtigung dieser Freiheit kann nur durch verfassungswidrigen staatlichen Zwang, also durch ein Handeln des Staates erfolgen; sei es, daß die allgemeine Handlungsfreiheit unmittelbar eingeschränkt wird[58], sei es, daß dem Bürger Pflichten auferlegt werden[59]. Ein absolutes Unterlassen, also ein Untätigsein des Gesetzgebers setzt der so verstandenen Freiheit des Einzelnen dagegen keine Grenzen. Für die weitere Untersuchung sind somit allein die in den Grundrechten und den grundrechtsähnlichen Rechten enthaltenen Verfassungsaufträge von Bedeutung.

b) Bei diesen Verfassungsaufträgen ist im Hinblick auf den Grundrechtsschutz des Bürgers zu unterscheiden zwischen solchen Aufträgen, die dem Gesetzgeber das „Ob" und in gewissen Grenzen auch das „Wie" des Handelns vorschreiben[60], und solchen, die für den Fall gesetzgeberischen Tätigwerdens nur die Modalitäten der gesetzlichen Regelung bestimmen[61]. Im Rahmen dieser Untersuchung kommt es lediglich auf die erste Gruppe von Aufträgen an; denn nur bei ihnen kann die Durchsetzung des jeweiligen Grundrechts von einem Handeln des Gesetzgebers bzw. von der Möglichkeit richterlicher Rechtsfortbildung abhängen. Hat der Gesetzgeber dagegen die zweite Gruppe von Verfassungsaufträgen nicht beachtet, so verstößt das jeweilige Gesetz gegen das GG; ein selbständig anfechtbares gesetzgeberisches Unterlassen ist hier nicht gegeben[62]. In einem solchen Fall kann das BVerfG durch Nichtigerklärung des Gesetzes die Grundrechtsverletzung des Einzelnen beseitigen. So ist z. B. ein Enteignungsgesetz, das keine Regelung der Entschädigung enthält und deshalb gegen Art. 14 Abs. 3 Satz 2 GG ver-

---

[56] Vgl. Nachweise in FN 55.
[57] So auch *Dürig*, Maunz-Dürig, Art. 2 I, Rdnr. 26, FN 1; *Hamann*, Hamann-Lenz, Art. 2, Anm. B 2 m. w. N.; *Kalkbrenner*, DÖV 1963, 41 (45).
[58] BVerfGE 6, 32: Eingriff durch Beschränkung der Ausreisefreiheit.
[59] BVerfGE 9, 11; 19, 206; 21, 1: Eingriff durch Auferlegung von Steuern.
[60] z. B. Art. 6 Abs. 5 GG; Art. 33 Abs. 5 GG, soweit er den Gesetzgeber zur Festsetzung einer angemessenen Beamtenbesoldung verpflichtet.
[61] z. B. Art. 14 Abs. 3 Satz 2 GG: Notwendigkeit einer Entschädigungsregelung bei enteignenden Gesetzen; ähnlich Art. 15 Satz 1 GG. Vgl. auch Art. 4 Abs. 3 Satz 2 GG: Regelung der Kriegsdienstverweigerung durch ein Bundesgesetz bei Einführung der allgemeinen Wehrpflicht.
[62] So auch *Schmidt-Bleibtreu*, Maunz-Sigloch, § 90, Rdnr. 109.

stößt, für nichtig zu erklären[63]. Ebenso müßte ein Gesetz, das alle Staatsbürger zum Wehrdienst heranzieht und eine Kriegsdienstverweigerung aus Gewissensgründen nicht vorsieht, wegen Verstoßes gegen Art. 4 Abs. 3 GG zumindest insoweit für nichtig erklärt werden, als es eine Kriegsdienstverweigerung nicht zuläßt.

Da somit die nur die Modalitäten einer Regelung vorschreibenden Verfassungsaufträge für die weitere Untersuchung ausscheiden, ist der Kreis der Grundrechtsbestimmungen, die ein selbständiges Unterlassen des Gesetzgebers begründen können, klein. Im wesentlichen wird es sich um die folgenden Grundgesetzbestimmungen handeln: Art. 1 Abs. 1 GG[64], Art. 6 Abs. 4[65] und Abs. 5 GG sowie Art. 33 Abs. 5 GG. Hinsichtlich dieser Verfassungsaufträge ist nunmehr auf die Möglichkeit einer richterlichen Verfassungskonkretisierung einzugehen.

B. Richterliche Verfassungskonkretisierung bei absolutem Unterlassen des Gesetzgebers

1. Verfassungskonkretisierung durch richterliche Rechtsfortbildung

Ein absolutes Unterlassen des Gesetzgebers wirkt sich auf die Rechtsstellung des Einzelnen nicht nachteilig aus, wenn der nicht ausgeführte Verfassungsauftrag so bestimmt ist, daß er vom Richter angewendet werden kann[66]. Es ist im folgenden also zu untersuchen, ob es Grundrechte und grundrechtsähnliche Rechte gibt, die einer unmittelbaren Anwendung durch die Verwaltung und die Gerichte nicht zugänglich sind.

a) Die h. M. zur Weimarer Verfassung sprach bestimmten Grundrechtsnormen — z. B. dem Art. 121 WRV[67] — wegen der Weite und der Unbestimmtheit ihres Gebotsgehaltes jede unmittelbare Verpflichtungswirkung für die Verwaltung und die Rechtsprechung ab[68]. Diese Verfassungsnormen wurden als Richtlinien für den Gesetzgeber angesehen; sie konnten aber auch insoweit keine rechtlichen Wirkungen zeitigen, weil eine Verpflichtung des Gesetzgebers zum Erlaß bestimmter Gesetze nicht anerkannt wurde. Seit dem Inkrafttreten des GG ist zwar allgemein anerkannt, daß die als Programmsätze oder Ziel-

---

[63] BVerfGE 4, 219 (233); siehe auch *Hamann*, Hamann-Lenz, Art. 14, Anm. B 11.
[64] Siehe hierzu unten § 4 III, B, 3 b.
[65] Siehe unten § 4 III, B, 3 a.
[66] Vgl. BVerfGE 3, 225 (239); 10, 302 (329); 25, 167 (182 ff.).
[67] Art. 121 WRV entsprach dem heutigen Art. 6 Abs. 5 GG.
[68] Siehe *Anschütz*, S. 452 ff.

setzungen für den Gesetzgeber bezeichneten Grundrechtsnormen — z. B. Art. 6 Abs. 5 GG — für die gesetzgebenden Organe verbindliches und vollziehbares Recht sind und daß sie von den rechtsanwendenden Organen als aktuell-objektivrechtliche Auslegungsregeln zu beachten sind[69]. Umstritten ist jedoch, ob alle Grundrechte in dem Sinne unmittelbar geltendes Recht sind, daß dem Einzelnen aus ihnen subjektive öffentliche Rechte zukommen. Für die meisten Grundrechte — vor allem für die des negativen Status — wird diese aktuelle Rechtsgeltung u. a. mit Rücksicht auf Art. 1 Abs. 3 GG bejaht[70]. Für einige Grundrechte — z. B. für Art. 6 Abs. 4 und Abs. 5 GG — hat die herrschende Lehre bisher die Geltung als aktuelles Recht verneint[71]; diese Verfassungsnormen seien wegen der Unbestimmtheit ihres Wortlauts erst aufgrund einer Konkretisierung durch den Gesetzgeber für die Verwaltung und die Gerichte anwendbar. Eine Aktualisierung dieser auch als Teilhaberechte bezeichneten[72] Grundrechte durch den Richter sei ausgeschlossen, weil die Gerichte lediglich Teilfragen und diese auch nur uneinheitlich entscheiden könnten, wodurch die Rechtssicherheit gefährdet werde[73].

Die h. M. ist nicht ohne Widerspruch geblieben. So wird unter Hinweis auf Art. 1 Abs. 3 GG die Ansicht vertreten, alle Grundrechte seien, weil sie verfassungsrechtliche Wertentscheidungen darstellen, auch aktuelles Recht[74]. Bei Untätigkeit des Gesetzgebers sei es Pflicht der Gerichte, in Art einer rechtsfindenden Lückenausfüllung den Grundrechten zur Durchsetzung zu verhelfen[75].

b) Allein aus Art. 1 Abs. 3 GG kann die Aktualität der als Programmsätze bezeichneten Grundrechtsnormen nicht hergeleitet werden, wenn man für die Geltung als aktuelles Recht fordert, daß die Verfassungsnorm einen eindeutigen, vollstreckbaren Befehl enthält[76]. In diesem Sinne sind allenfalls die grundrechtlichen Freiheitsrechte hinreichend genug bestimmt für eine unmittelbare Anwendung durch die Gerichte. Für die Frage, ob die Gerichte bei einem absoluten Unterlassen des Gesetzgebers die verfassungswidrige Lücke unter Heranziehen des GG

---

[69] *Kalkbrenner*, DÖV 1963, 41 (43 f.); *v. Mangoldt-Klein*, Vorbem. B VII; *Maunz*, Staatsrecht, S. 99 f.; *Dürig*, Maunz-Dürig, Art. 1, Rdnr. 92 ff.; siehe auch *Bulla*, Vorbem. vor § 1, Rdnr. 2 m. w. N.
[70] *Dürig*, Maunz-Dürig, Art. 1, Rdnr. 94; *v. Mangoldt-Klein*, Vorbem. B VII.
[71] Siehe Nachweise in FN 70 sowie *v. Mangoldt-Klein*, Art. 1, Anm. V 3 a, und Art. 6, Anm. V 1; *Seiwerth*, S. 86 ff. (88); *Wernicke*, Bonner Kommentar, Art. 1, Anm. II 4 a, und Art. 6, Anm. II 4 a; a. M. aber für Art. 6 Abs. 4 GG *Maunz*, Maunz-Dürig, Art. 6, Rdnr. 41.
[72] *Dürig*, Maunz-Dürig, Art. 1, Rdnr. 95 m. w. N.
[73] Vgl. *Flume*, K 11 f, zur Aktualisierung des Art. 6 Abs. 5 GG.
[74] *H. Huber*, S. 17; *v. Köhler*, NJW 1955, 1089 (1090); *Hildegard Krüger*, Grundrechte, S. 325 f.; dies., DÖV 1957, 356 ff.
[75] So *v. Köhler*, a.a.O.
[76] Vgl. hierzu *Franz Klein*, Schmidt-Bleibtreu-Klein, Art. 1, Rdnr. 19 m. w. N.

schließen können, kommt es jedoch nicht darauf an, ob die jeweilige Verfassungsnorm in diesem engen Sinne vollziehbar ist. Hier ist vielmehr von Bedeutung, daß die Bestimmungen des Grundrechtskatalogs verbindliche Wertentscheidungen des Verfassunggebers enthalten[77]. Diese Wertentscheidungen, die auch Grundsatznormen[78] oder Verfassungsprinzipien[79] genannt werden, sind oberste Rechtssätze unserer Rechtsordnung[80] und damit Bestandteile des positiven Rechts[81]. Als oberste Rechtssätze unserer Rechtsordnung sind diese Grundrechtsbestimmungen gem. Art. 1 Abs. 3 GG auch für den Richter verbindlich und von ihm bei der Rechtsanwendung zu berücksichtigen[82]. Läßt der Richter diese Wertentscheidungen bei der Urteilsfindung außer acht, so verstößt er nicht nur gegen objektives Verfassungsrecht; er verletzt vielmehr mit seiner Entscheidung auch das jeweilige Grundrecht, „auf dessen Beachtung auch durch die rechtsprechende Gewalt der Bürger einen verfassungsrechtlichen Anspruch hat"[83]. Die Verfassungsprinzipien binden den Richter nicht nur bei der Auslegung des geltenden Rechts, sondern auch insofern, als er im Rahmen der Bindung an Gesetz und Recht (Art. 20 Abs. 3 GG) das Recht fortzubilden hat. Der Richter muß daher diese Wertentscheidungen des Verfassunggebers im Wege der Rechtsfortbildung verwirklichen, wenn das Recht infolge Untätigkeit des Gesetzgebers Lücken aufweist, die mit den herkömmlichen Mitteln richterlicher Rechtsschöpfung zu schließen sind.

Die Verwirklichung der verfassungsrechtlichen Wertentscheidungen im Einzelfall verlangt zwar vom Richter eine Konkretisierung des jeweiligen Verfassungsprinzips; denn dieses enthält noch keine detaillierte Lösung für die jeweils zu entscheidende Frage. Die Konkretisierung von Rechtsprinzipien ist jedoch eine Aufgabe, die — wie die Rechtsprechung zu unterverfassungsrechtlichen Generalklauseln gezeigt hat[84] — der Richter bewältigen kann. Mit der Konkretisierung der Verfassungsprinzipien wird also vom Richter nichts Unmögliches verlangt[85],

---

[77] Vgl. BVerfGE 6, 55 (72); 23, 127 (134); 24, 119 (135); 25, 167 (179, 182); siehe auch *Dürig*, Maunz-Dürig, Art. 1, Rdnr. 98 f.; *Wittig*, Festschrift, S. 575 (591).
[78] So *v. Mangoldt-Klein*, Vorbem. A VI 4.
[79] So *Göldner*, S. 26 ff.; *Larenz*, Methodenlehre, S. 469, 471.
[80] Siehe *v. Mangoldt-Klein*, Vorbem. A VI 4.
[81] *Göldner*, S. 30 f.; *Larenz*, Methodenlehre, S. 469; siehe auch *H. J. Wolff*, Rechtsgrundsätze, S. 31 (43).
[82] Vgl. *Göldner*, S. 30 f. m. w. N.; siehe auch *Dürig*, Maunz-Dürig, Art. 1, Rdnr. 99, 118 ff.; *v. Mangoldt-Klein*, Art. 1, Anm. V 2.
[83] So BVerfGE 7, 198 (206 f.).
[84] z. B. § 242 BGB, § 1 UWG.
[85] Zur Verfassungskonkretisierung durch den Richter siehe neuerdings auch *Säcker*, S. 104 ff., der dem Richter beim Fehlen gesetzlicher Konkretisierungen eine materielle Gesetzgebungsfunktion zuweist. Diese Frage kann hier jedoch dahinstehen.

zumal er auf die Wertungen des positiven Rechts zurückgreifen kann und muß, in denen die Wertentscheidungen des GG schon für ähnlich gelagerte Rechtskomplexe konkretisiert sind. Es handelt sich also nicht darum, daß der Richter allein aus der inhaltlich oft unbestimmten Grundrechtsnorm die konkrete rechtliche Lösung zu finden hätte[86]. Da die meisten Lebenssachverhalte zumindest teilweise gesetzlich geregelt sind, wird der Richter in der Regel ein — wenn auch unvollständiges — Geflecht von Einzelnormen vorfinden, innerhalb dessen die generalklauselartige Grundrechtsnorm wirksam zu werden vermag[87] und das ihm Anhaltspunkte für die Lösung der zu entscheidenden Frage gibt. Es ist deshalb dem BVerfG zu folgen[88], wenn es eine Verfassungsnorm immer dann als unmittelbar anwendbare Generalklausel ansieht, sofern die Vorschrift sich nicht in einer wertneutralen Anweisung zur Regelung einer bestimmten Materie erschöpft, sondern eine richtungweisende Wertentscheidung des Verfassunggebers enthält. Denn aufgrund einer solchen Bestimmung ist dem Richter eine Verfassungskonkretisierung durch Fortbildung des einfachen Rechts möglich.

Einer richterlichen Verfassungskonkretisierung bei gesetzgeberischem Unterlassen steht nicht entgegen, daß die Rechtsschöpfung durch die Gerichte gegenüber der Rechtsetzung des Gesetzgebers stets unvollkommen bleiben muß. Der Richter kann nicht, wie dies dem Gesetzgeber möglich ist, eine nahezu lückenlose, neue Ordnung schaffen; denn er hat jeweils nur den einzelnen Fall zu entscheiden und kann deshalb nur im Rahmen dieses Falles das Recht fortbilden[89]. Trotz dieser Unvollkommenheit findet die richterliche Rechtsfortbildung bei gesetzgeberischem Unterlassen ihre Rechtfertigung darin, daß durch sie ein Zustand geschaffen wird, welcher der von der Verfassung gewollten Ordnung mehr entspricht als der bisherige[90]. Die Verfassungskonkretisierung im Wege richterlicher Rechtsfortbildung verstößt auch nicht gegen den Grundsatz der Gewaltenteilung (Art. 20 Abs. 2 GG). Die Gerichte nehmen hier eine eigene Aufgabe wahr. Ihre Rechtsfortbildung hindert den Gesetzgeber nicht, das Verfassungsprinzip durch den Erlaß eines Gesetzes zu verwirklichen[91].

Als Ergebnis ist somit festzuhalten, daß auch bei einem absoluten Unterlassen des Gesetzgebers eine lückenschließende Rechtsfortbildung nicht ausgeschlossen ist. Haben die Gerichte eine gebotene verfassungs-

---

[86] So die Bedenken *Flumes*, K 33, gegen eine richterliche Verfassungskonkretisierung.
[87] Ähnlich *Dieckmann*, FamRZ 1969, 297 (298 FN 13), zu Art. 6 Abs. 5 GG.
[88] BVerfGE 25, 167 (182 ff.).
[89] Vgl. *Coing*, S. 341; *Esser*, S. 83 f.
[90] So auch BVerfGE 25, 167 (184).
[91] Vgl. BVerfGE 25, 167 (181).

konforme Rechtsfortbildung nicht vorgenommen und deshalb das Begehren des Beschwerdeführers abgewiesen, so wird die in den Urteilen liegende Grundrechtsverletzung zwar durch das gesetzgeberische Unterlassen veranlaßt sein[92]; die Rechtsbeeinträchtigung des Bürgers kann hier jedoch durch Aufhebung der gegen das GG verstoßenden Urteile und Erlaß einer verfassungsgemäßen Entscheidung beseitigt werden. Eine Aussetzung der gerichtlichen Entscheidung bis zur Verfassungskonkretisierung durch den Gesetzgeber ist weder erforderlich noch zulässig.

2. Grenzen der Rechtsfortbildung bei absolutem Unterlassen des Gesetzgebers

Die Durchsetzung des Grundrechts bei absolutem Unterlassen des Gesetzgebers setzt demnach nur dann ein Tätigwerden der gesetzgebenden Organe voraus, wenn eine verfassungskonforme Rechtsfortbildung unmöglich ist. Es kommt also darauf an, ob im Bereich der Verfassungsaufträge, deren Nichtausführung ein absolutes Unterlassen des Gesetzgebers darstellt[93], unausfüllbare Lücken[94] bestehen können, die allein durch eine Entscheidung des Gesetzgebers zu schließen sind.

a) Eine unausfüllbare Lücke ist stets gegeben[95], wenn die Durchsetzung eines Rechts bestimmte Ordnungsvorschriften, also Regelungen technischer Art voraussetzt, diese Vorschriften aber fehlen. So würde z. B. eine unausfüllbare Lücke vorliegen, wenn der Gesetzgeber das in Art. 38 Abs. 3 GG vorgesehene Wahlgesetz nicht erlassen hätte. In diesem Fall könnte das BVerfG dem Bürger im Wege der Rechtsfortbildung nicht zur Durchsetzung seines aktiven Wahlrechts (Art. 38 Abs. 2 GG) verhelfen[96]; denn die Festlegung des Wahlsystems und die Ausgestaltung des Wahlverfahrens sind keine rein rechtlichen, sondern vor allem politische Entscheidungen, die allein der Gesetzgeber zu treffen hat.

Da der Auftrag aus Art. 38 Abs. 3 GG ausgeführt ist, scheidet insoweit ein absolutes Unterlassen aus. Im Bereich der übrigen für ein absolutes Unterlassen in Betracht kommenden Verfassungsaufträge werden derartige „technische Lücken" nicht vorkommen. Ein die Grundrechte verletzendes Unterlassen ist nämlich mit dem BVerfG nur anzu-

---

[92] Vgl. BVerfGE 10, 302 (329): Nach Ansicht des BVerfG erübrigt sich in einem solchen Fall die Feststellung einer Grundrechtsverletzung durch gesetzgeberisches Unterlassen.
[93] Vgl. § 4 III, A, 2 b a. E.
[94] Zum Begriff der unausfüllbaren Lücke vgl. *Canaris*, S. 172 ff.; *Engisch*, S. 155 f.; *Larenz*, Methodenlehre, S. 381 f.
[95] Siehe *Canaris*, S. 175; *Larenz*, Methodenlehre, S. 381 f.
[96] So auch W. *Jellinek*, DÖV 1954, 595 (596); *Larenz*, a.a.O.

nehmen[97], wenn der jeweilige Verfassungsauftrag nicht nur das „Ob", sondern in etwa auch den Inhalt der gebotenen Regelung vorschreibt. Aufgrund einer solchen richtungweisenden Entscheidung des Verfassunggebers wird der Richter in der Lage sein, das jeweilige Verfassungsprinzip unter Berücksichtigung bestehender gesetzlicher Regelungen und unter Anwendung der gesetzlichen Generalklauseln zu verwirklichen.

b) Eine verfassungskonforme Rechtsfortbildung scheidet jedoch aus, wenn die Verfassung allein dem Gesetzgeber die Regelung einer bestimmten Materie zugewiesen hat, wenn also ein Rechtsetzungsmonopol des Gesetzgebers besteht[98]. Im Rahmen der hier interessierenden Verfassungsaufträge besteht ein solches Monopol des Gesetzgebers für die Festsetzung der angemessenen Beamtenbesoldung (Art. 33 Abs. 5 GG). Nach der Ansicht des BVerfG[99] entspricht es nämlich einem hergebrachten Grundsatz des Berufsbeamtentums, daß die Beamtengehälter generell durch Gesetz zu regeln sind. Den Gerichten ist es danach untersagt, dem einzelnen Beamten ein gesetzlich nicht geregeltes Gehalt zuzusprechen.

Ein Monopol des Gesetzgebers besteht nach der Rechtsprechung des BVerfG[100] auch hinsichtlich der Aufhebung und Abänderung besatzungsrechtlicher Gesetze. Da im besatzungsrechtlichen Bereich die Verwerfungskompetenz des BVerfG aufgrund des Überleitungsvertrages ausgeschlossen sein soll, ist es allein dem Gesetzgeber vorbehalten, Vorschriften des Besatzungsrechts, die mit dem GG nicht vereinbar sind, aufzuheben oder abzuändern. Kommt der Gesetzgeber dieser Aufgabe nicht nach, so liegt ein absolutes Unterlassen vor. Dieses absolute Unterlassen kann jedoch für die weitere Untersuchung außer Betracht bleiben, da ihm heute keine praktische Bedeutung mehr zukommt.

c) Es fragt sich, ob im Bereich des hier interessierenden absoluten gesetzgeberischen Unterlassens noch weitere Fälle von unausfüllbaren Lücken anzuerkennen sind. Eine solche Lücke könnte etwa in dem — sicher nicht sehr häufigen — Fall bestehen, daß sich zur Schließung einer Regelungslücke mehrere gleichwertige Lösungen anbieten, zwischen denen der Richter zu wählen hat. *Wolff*[101] ist der Ansicht, daß die Konkretisierung des Verfassungsprinzips in einem derartigen Fall allein dem Gesetzgeber vorbehalten sei, sofern die richterliche Konkretisierung einen „komplizierten" Ableitungszusammenhang voraussetze.

---
[97] Vgl. BVerfGE 6, 257 (264 f.); 12, 139 (142); 23, 242 (249).
[98] Siehe auch *Göldner*, S. 205 ff.
[99] BVerfGE 8, 1 (18 f.).
[100] BVerfGE 15, 337 (346 ff.): Höfeordnung der britischen Zone.
[101] H. J. *Wolff*, Rechtsgrundsätze, S. 31 (46).

Göldner[102] vertritt dagegen die Meinung, daß der Richter auch hier zur Konkretisierung befugt sei; denn sonst bestehe die Gefahr, daß der Gesetzgeber durch Untätigkeit die Verwirklichung der Wertentscheidungen des GG blockiere. Dieser Auffassung ist zuzustimmen. Die in Art. 1 Abs. 3 GG angeordnete Bindung an die Grundrechte verpflichtet die Gerichte, die Wertentscheidungen des GG durchzusetzen, soweit es ihnen möglich ist. Eine Konkretisierung des Verfassungsprinzips ist dem Richter auch dann möglich, wenn er zwischen mehreren gleichwertigen Lösungen zu wählen hat. Seine Entscheidung schafft einen Zustand, welcher der von der Verfassung angestrebten Ordnung mehr entspricht als der bisherige. Einer solchen Konkretisierung kann nicht entgegengehalten werden, das Urteil beruhe auf einem nicht vom Recht her bestimmten Willensentschluß des Richters; denn die Entscheidung des Richters muß auch hier an den Wertungen des positiven Rechts orientiert sein. Es handelt sich also stets um eine vom Recht her bestimmte Entscheidung, die zudem den Gesetzgeber nicht hindert, den jeweiligen Verfassungsauftrag später selbst auszuführen. Eine verfassungskonforme Rechtsfortbildung ist dem Richter demnach auch dann erlaubt, wenn für die Ausfüllung der auf einem absoluten gesetzgeberischen Unterlassen beruhenden Lücke mehrere gleichwertige Lösungen in Betracht kommen.

3. Beispiele verfassungskonformer Rechtsfortbildung

Die Untersuchung hat gezeigt, daß im Fall des Art. 33 Abs. 5 GG ein absolutes Unterlassen gegeben ist, bei dem nur ein Handeln des Gesetzgebers dem Einzelnen zu seinem durch das GG verbürgten Recht verhelfen kann. Soweit im übrigen ein absolutes Unterlassen des Gesetzgebers Grundrechte verletzt, können regelmäßig die Gerichte im Wege der verfassungskonformen Rechtsfortbildung für die Durchsetzung der Rechte sorgen. Im Schrifttum ist diese für den Rechtsschutz des Bürgers wichtige Tatsache bisher nicht hinreichend beachtet worden[103]; denn dort wird vielfach eine nur vom Gesetzgeber zu beseitigende Benachteiligung des Bürgers durch absolutes Unterlassen angenommen, obwohl — wie im folgenden gezeigt werden soll — eine verfassungskonforme Rechtsfortbildung möglich ist.

a) Als Beispiel für eine Grundrechtsnorm, die einer Aktualisierung durch den Gesetzgeber bedarf, führt *Seiwerth*[104] den Art. 6 Abs. 4 GG

---

[102] *Göldner*, S. 161 ff. (163).
[103] Eine Ausnahme macht insoweit *H. Brinkmann*, Gesetz, S. 107 ff., der jedoch die Möglichkeit unausfüllbarer Lücken verneint (vgl. S. 112, FN 19; 124 f.).
[104] *Seiwerth*, S. 88 ff.

an. Er meint, den durch diese Verfassungsbestimmung gebotenen Schutz hätten die Gerichte der erwerbstätigen Mutter erst aufgrund des Mutterschutzgesetzes von 1952 gewähren können; denn die Modalitäten des Schutzes (Kündigungsverbot, Leistungsansprüche usw.) habe nur ein Gesetz bestimmen können. Sollte sich durch eine Änderung der Verhältnisse in der Zukunft der Schutz der erwerbstätigen Mutter als unzureichend erweisen, so könne nur der Gesetzgeber Abhilfe schaffen; hierzu sei er aufgrund des Art. 6 Abs. 4 GG auch verpflichtet. Diese Auslegung des Art. 6 Abs. 4 GG stimmt mit der der h. M.[105] im wesentlichen überein.

Der Auffassung von *Seiwerth* kann nur bedingt zugestimmt werden. Richtig ist, daß Art. 6 Abs. 4 GG einen für den Gesetzgeber verbindlichen Verfassungsauftrag enthält. Diese Bestimmung ist darüber hinaus aber auch für die Gerichte unmittelbar anwendbares Recht. Sowohl der Wortlaut als auch die Entstehungsgeschichte der Vorschrift sprechen dafür, daß es sich bei Art. 6 Abs. 4 GG zumindest insoweit um unmittelbar geltendes Recht handelt, als es um Schutzmaßnahmen des Staates geht[106]. Art. 6 Abs. 4 GG spricht ausdrücklich von einem „Anspruch der Mutter". In Art. 119 Abs. 3 WRV, der dem Art. 6 Abs. 4 GG entsprach, hieß es dagegen, daß die Mutterschaft einen Anspruch auf Schutz und Fürsorge des Staates habe. Wie aus den Gesetzesmaterialien zum GG hervorgeht[107], hat man die Mutter bewußt als Anspruchsberechtigte bezeichnet, um die unmittelbare Geltendmachung eines Rechtsanspruchs zu ermöglichen. Daß Art. 6 Abs. 4 GG als unmittelbar anwendbare Generalklausel zur Schließung von Lücken im gesetzlichen Mutterschutz heranzuziehen ist, kann nach der neueren Rechtsprechung des BVerfG[108] nicht mehr in Frage gestellt werden. Art. 6 Abs. 4 GG enthält nämlich ebenso wie Art. 6 Abs. 5 GG eine richtungweisende Wertentscheidung des Verfassunggebers, die von den Gerichten zu verwirklichen ist.

Zur Aktualisierung dieser Vorschrift bedurfte es somit nicht erst des Mutterschutzgesetzes von 1952. Bereits mit dem Inkrafttreten des GG war diese Generalklausel für die Gerichte anwendbar, zumal mit dem Mutterschutzgesetz von 1942 bereits Regelungen vorlagen, an welche die Gerichte, soweit das Gesetz lückenhaft war, bei der Rechtsfortbildung anknüpfen konnten. Es ist zwar zuzugeben, daß im Wege der Rechtsfortbildung der Mutterschutz nicht in der Form hätte ausgestaltet werden können, wie dies durch das nunmehr geltende Mutterschutz-

---

[105] Vgl. *Denecke*, S. 475 (478); *Dürig*, Maunz-Dürig, Art. 1, Rdnr. 95; siehe auch *Bulla*, Vorbem. vor § 1, Rdnr. 2 m. w. N.
[106] Vgl. *Maunz*, Maunz-Dürig, Art. 6, Rdnr. 41, 43; *Scheffler*, JZ 1953, 152.
[107] Vgl. *v. Doemming-Füßlein-Matz*, JbÖffR N. F. 1, 95.
[108] Vgl. BVerfGE 25, 167 ff. zur Aktualisierung des Art. 6 Abs. 5 GG.

gesetz in der Fassung vom 18. April 1968[109] geschehen ist. Damit ist aber noch nicht gesagt, daß die Gerichte unter Heranziehung des Art. 6 Abs. 4 GG den Mutterschutz nicht auf andere Weise hätten ausdehnen können bzw. in Zukunft ausdehnen könnten. Sollten z. B. in Zukunft die bestehenden Regelungen nicht ausreichen, um den Unterhalt der werdenden Mutter sicherzustellen, so haben die Gerichte unter Berücksichtigung des Sozialstaatsprinzips[110] zumindest den Staat zu zusätzlichen Leistungen zu verpflichten. Hinsichtlich des Kündigungsschutzes der werdenen Mutter hätten die Gerichte auch ohne § 9 MuSchG der Wertentscheidung des Art. 6 Abs. 4 GG Rechnung tragen und die werdende Mutter über § 242 BGB vor einer Kündigung des Arbeitgebers schützen können[111]. Daß die Gerichte aufgrund des Art. 6 Abs. 4 GG und unter Berücksichtigung bestehender Regelungen Lücken im Mutterschutz durch Rechtsfortbildung zu schließen vermögen, zeigt die Entscheidung des OVG Münster vom 20. September 1951[112] über den Mutterschutz von Beamtinnen, der seinerzeit noch nicht im Beamtenrecht geregelt war. Das OVG hat hier gestützt auf Art. 6 Abs. 4 GG und das nur für Arbeitnehmerinnen geltende MuSchG von 1942 einer Beamtin auf Widerruf einen Anspruch auf Mutterschutz gegenüber ihrem öffentlich-rechtlichen Dienstherrn zugebilligt. Als weiteres Beispiel einer richterlichen Rechtsfortbildung aufgrund des Art. 6 Abs. 4 GG ist die Rechtsprechung des BAG zur Wiedereinstellung werdender Mütter nach einer Aussperrung zu nennen[113]. Das BAG hat insoweit unter Heranziehung des Art. 6 Abs. 4 GG, der Wertungen des MuSchG und des § 19 Abs. 5 SchwBG entschieden, daß den Arbeitgeber eine rechtliche Pflicht trifft, nach Beendigung der Aussperrung werdende Mütter und Wöchnerinnen bevorzugt wiedereinzustellen.

b) Eine nur vom Gesetzgeber zu schließende Lücke soll nach *Seiwerth*[114] auch bei einem gesetzgeberischen Unterlassen auf dem Gebiet der sozialen Sicherung vorliegen. *Seiwerth*[115] und ihm folgend *Seufert*[116] sind der Ansicht, daß dem Gesetzgeber primär durch Art. 1 Abs. 1 Satz 2 GG und nicht — wie in der Literatur überwiegend angenommen wird[117] — durch das Sozialstaatsprinzip (Art. 20 Abs. 1, Art.

---

[109] BGBl I S. 315.
[110] Vgl. hierzu ausführlich unten 3 b.
[111] So auch *Denecke*, S. 475 (478), der im übrigen eine Konkretisierung der Grundrechtsnorm durch den Gesetzgeber verlangt.
[112] JZ 1953, 152.
[113] BAG AP Nr. 11 und 24 zu Art. 9 GG.
[114] *Seiwerth*, S. 58 ff.
[115] *Seiwerth*, S. 60 f. Ähnlich zum Anspruch des Einzelnen auf ein Handeln des Staates *K. Brinkmann*, Brinkmann-Hackenbroch, Art. 1, Anm. 3 b m. w. N.
[116] *Seufert*, S. 142, 277.
[117] Vgl. *Bachof*, VVDStRL 12, 37; *W. Bogs*, G 5 (14 ff.); *Dürig*, Maunz-Dürig, Art. 1, Rdnr. 13, FN 1; *v. Mangoldt-Klein*, Art. 1, Anm. III 3 d.

28 Abs. 1 GG) konkrete Handlungspflichten im sozialen Bereich auferlegt werden. Aufgrund dieses Verfassungsauftrages habe der Gesetzgeber durch entsprechende gesetzliche Maßnahmen dafür zu sorgen, daß dem Einzelnen das Existenzminimum garantiert sei und er so vor menschenunwürdigen Lebensbedingungen bewahrt bleibe[118]. Dieser Auftrag richte sich nur an den Gesetzgeber, weil die sozialen Verfassungsrechte ohne gesetzliche Grundlagen weder von der Verwaltung noch von der Rechtsprechung vollzogen werden könnten.

Diese Argumentation ist angreifbar; sie wird der Bedeutung des Art. 1 Abs. 1 Satz 2 GG nicht gerecht. Es kann hier dahingestellt bleiben, ob der Anspruch des Einzelnen auf Gewährung des Existenzminimums sich primär aus Art. 1 Abs. 1 Satz 2 GG oder aus dem Sozialstaatsprinzip i. V. m. Art. 1 Abs. 1 und Art. 2 Abs. 2 GG[119] ergibt. Denn nach beiden Ansichten steht dem Bürger ein grundrechtlich verbürgter Anspruch zu, den er mit der Verfassungsbeschwerde geltend machen kann[120]. Es ist *Seiwerth* und *Seufert* auch darin zuzustimmen, daß beim Fehlen des zum Leben erforderlichen Mindestmaßes an materiellen Gütern die Menschenwürde des Einzelnen betroffen ist und daß der Gesetzgeber verpflichtet ist, zum Schutz der Menschenwürde tätig zu werden. Erkennt man aber an, daß in Fällen akuter Not dem Einzelnen aus dem GG ein Anspruch auf das Existenzminimum zusteht, so müssen beim Fehlen entsprechender gesetzlicher Regelungen sowohl die Verwaltung als auch die Gerichte befugt sein, im Wege der verfassungskonkretisierenden Rechtsfortbildung der Notlage abzuhelfen. Art. 1 Abs. 1 GG verpflichtet nämlich alle staatliche Gewalt, also nicht nur den Gesetzgeber, sondern auch die Rechtsprechung und die Verwaltung zum Schutz der Menschenwürde. Besteht eine akute Notlage, so ist zudem sofortige Hilfe geboten; hier kann nicht gewartet werden, bis daß der Gesetzgeber u. U. erst aufgrund einer Verfassungsbeschwerde tätig geworden ist. Im Schrifttum wird denn auch weitgehend angenommen[121], daß die Gerichte, sofern gesetzliche Grundlagen fehlen, dem in Not befindlichen Bürger unmittelbar aus dem Sozialstaatsprinzip i. V. m. Art. 1 Abs. 1 und Art. 2 Abs. 2 GG einen Anspruch auf das Existenzminimum zu gewähren haben. Voraussetzung für die Durchsetzung dieses Anspruchs

---

[118] *Seiwerth*, S. 62 f.
[119] So das Schrifttum in FN 117 und *Dürig*, Maunz-Dürig, Art. 1, Rdnr. 43.
[120] Der Meinungsstreit ist nur dann von Bedeutung, wenn man Art. 1 Abs. 1 GG nicht als Grundrecht ansieht (so z. B. *Dürig*, Maunz-Dürig, Art. 1, Rdnr. 4 f.). Das BVerfG geht jedoch mit Recht davon aus, daß Art. 1 Abs. 1 GG ein Grundrecht gewährt (vgl. BVerfGE 1, 97 [104]; 1, 332 [343]; 12, 113 [123]). Vgl. zu dieser Frage auch *Zippelius*, Bonner-Kommentar, Art. 1, Rdnr. 37 m. w. N.
[121] *Bachof*, VVDStRL 12, 37 (43 f., 51 f., 80 Leitsatz 4); *W. Bogs*, G 5 (11 ff., 15); *Dürig*, JZ 1953, 193 (197 f.); ders., Maunz-Dürig, Art. 1, Rdnr. 43; *Hamel*, S. 37; *H. J. Wolff*, Verwaltungsrecht III, § 138 I c 1.

ist lediglich, daß sich aus der Rechtsordnung eine für die Gewährung der Leistung zuständige Stelle ergibt. Der im GG verbürgte Anspruch auf das Existenzminimum ist zwar subsidiär gegenüber den gesetzlichen Regelungen der Sozialhilfe und anderer Gesetze auf dem Gebiet der sozialen Sicherung; er gewinnt aber dann Bedeutung, wenn sich diese Regelungen als lückenhaft erweisen sollten. In diesem Fall müssen und können die Gerichte im Wege rechtsschöpferischer Lückenausfüllung dem Einzelnen einen Anspruch gewähren; denn eine für die Leistung zuständige Stelle wird sich aufgrund der bestehenden Gesetze fast immer finden lassen[122].

Wenn *Seiwerth* meint, im sozialen Bereich müßten die Gerichte auf die Maßnahmen des Gesetzgebers warten, so ist dem nur insofern zu folgen, als die Gerichte nicht befugt und in der Lage sind, alle sozialen Forderungen im Wege der Rechtsfortbildung zu befriedigen. Es ist primär Aufgabe des Gesetzgebers, das Wesentliche zur Verwirklichung des Sozialstaatsprinzips zu tun[123]. Vor allem obliegt es ihm allein, das System der sozialen Sicherheit in seinen einzelnen Ausgestaltungen wie Arbeitslosen-, Kranken- und Rentenversicherung sowie Sozialhilfe usw. zu erweitern und auszugestalten[124]. Diese dem Gesetzgeber vorbehaltenen Maßnahmen sind aber auch nicht nur auf die Beseitigung einer gegenwärtigen Notlage gerichtet, sondern dienen darüber hinaus der Existenzsicherung für die Zukunft und der Schaffung einer gerechten Sozialordnung. Sie gehen damit über das, was der Einzelne aufgrund seines verfassungsrechtlichen Anspruchs auf Schutz vor akuter Not verlangen kann, erheblich hinaus, so daß insoweit auch ein mit der Verfassungsbeschwerde durchsetzbarer Anspruch gegen den Gesetzgeber nicht besteht.

Daß die Gerichte unter Anknüpfung an bestehende Gesetze im Wege verfassungskonformer Rechtsfortbildung dem Bürger zu seinem Recht auf das Existenzminimum verhelfen können, beweist die Entscheidung des BVerwG zum Anspruch auf Fürsorgeunterstützung[125]. Nach den Reichsgrundsätzen über Voraussetzung, Art und Maß der öffentlichen Fürsorge stand dem Bedürftigen ein Rechtsanspruch auf Unterstützung nicht zu, weil er als Objekt der Armenpflege angesehen wurde. Das BVerwG hat in seiner Entscheidung jedoch mit Rücksicht auf Art. 1, Art. 2 und Art. 20 Abs. 1 GG dem Fürsorgeempfänger einen Rechtsanspruch auf Fürsorgeleistungen zugebilligt.

---

[122] Vgl. W. *Bogs*, G 5 (16).
[123] BVerfGE 1, 97 (104).
[124] So auch H. J. *Wolff*, Verwaltungsrecht III, § 138 I 2.
[125] BVerwGE 1, 159. Als weiteres Beispiel für eine verfassungskonforme Rechtsfortbildung aufgrund des Sozialstaatsprinzips ist die Entscheidung des BGH in BGHZ 25, 221 (234 f.) zu nennen.

Die hier behandelten Beispiele aus Rechtsprechung und Literatur zeigen, daß dem Einzelnen, soweit ihm bei absolutem gesetzgeberischen Unterlassen ein mit der Verfassungsbeschwerde verfolgbarer Anspruch gegen den Gesetzgeber zugebilligt wird, in der Regel auch im Wege der Rechtsfortbildung zu seinem in der Verfassung verbürgten Recht verholfen werden kann.

§ 5 Zusammenfassung

Als Ergebnis der bisherigen Untersuchung ist folgendes festzuhalten: Ein Unterlassen des Gesetzgebers und ein willkürlicher gesetzlicher Begünstigungsausschluß sind nicht gegeben, wenn dem Bürger aufgrund verfassungskonformer Auslegung des Gesetzes die Vergünstigung zu gewähren ist. Führt die Auslegung nicht zum Ziel, so ist eine verfassungskonforme Rechtsfortbildung in Betracht zu ziehen. Eine solche Rechtsfortbildung scheidet bei teilweisem Unterlassen des Gesetzgebers und bei willkürlicher Nichtbegünstigung aus, sofern der Gesetzgeber einen ausdrücklichen oder konkludenten Begünstigungsausschluß und damit ein Analogieverbot angeordnet hat. Soweit ein derartiger Ausschluß nicht besteht, ist die vorliegende Lücke durch analoge Anwendung der begünstigenden Vorschrift zu schließen. Bei absolutem Unterlassen des Gesetzgebers, das Grundrechte oder grundrechtsähnliche Rechte verletzt, können und müssen die Gerichte im Wege der Rechtsfortbildung die verfassungsmäßigen Rechte des Einzelnen durchsetzen. Eine derartige Rechtsfortbildung scheidet bei absolutem gesetzgeberischen Unterlassen jedoch aus, falls nach dem GG ein Rechtsetzungsmonopol des Gesetzgebers besteht.

Zweiter Teil

Entscheidung des Bundesverfassungsgerichts bei gesetzgeberischem Unterlassen und willkürlichem Begünstigungsausschluß

Kommt bei gesetzgeberischem Unterlassen und willkürlicher Nichtbegünstigung eine lückenschließende Rechtsfortbildung nicht in Betracht, weil entweder eine unausfüllbare Lücke oder ein ausdrücklicher bzw. konkludenter Ausschluß gegeben ist, so kann nur das BVerfG dem in seinen Grundrechten verletzten Bürger Schutz gegenüber dem Gesetzgeber gewähren. In diesen Fällen stellt sich das Problem, wie das BVerfG über das gesetzgeberische Unterlassen oder den Ausschluß zu entscheiden hat, um auf der einen Seite die Grundrechte des Einzelnen wirksam zu schützen und auf der anderen Seite die Gestaltungsfreiheit des Gesetzgebers zu wahren. Nach der Neufassung des BVerfGG[1] bestehen zwei Möglichkeiten der Entscheidung: Das Gericht kann die Norm für nichtig erklären (§ 95 Abs. 3 BVerfGG) oder es stellt eine Verletzung der Grundrechte fest und erklärt ggf. die Norm für unvereinbar mit dem GG (vgl. § 31 Abs. 2 BVerfGG). Das BVerfG hat im Laufe seiner Rechtsprechung herausgearbeitet, wann welche Entscheidung ergehen darf. Auf die Entwicklung dieser Rechtsprechung soll im folgenden näher eingegangen werden; eine kritische Würdigung der vom Verfassungsgericht aufgestellten Grundsätze ist nämlich nur anhand der einschlägigen Entscheidungen möglich.

---

[1] Siehe hierzu § 2 I, 2.

§ 6 Rechtsprechung des Bundesverfassungsgerichts und Stellungnahmen im Schrifttum

I. Bisherige Rechtsprechung des Bundesverfassungsgerichts

1. Entscheidung bei gesetzgeberischem Unterlassen und verfassungswidrigem Begünstigungsausschluß[2]

a) Über ein absolutes Unterlassen des Gesetzgebers hat das Verfassungsgericht bisher erst einmal, und zwar in BVerfGE 8, 1, entschieden; es handelte sich um ein gesetzgeberisches Unterlassen auf dem Gebiet der Besoldungsanpassung. In den übrigen ihm unterbreiteten Fällen absoluten gesetzgeberischen Unterlassens brauchte es insoweit keine Entscheidung zu treffen; denn entweder war die Frist für die Erfüllung des Verfassungsauftrages noch nicht abgelaufen[3], so daß ein „fälliger" Anspruch des Bürgers auf ein Handeln des Gesetzgebers nicht bestand, oder es lag eine durch richterliche Rechtsfortbildung zu schließende Lücke vor[4]. Das BVerfG hat jedoch anläßlich seiner Entscheidungen im 8. und 10. Band[5] ausgeführt, bei einer Grundrechtsverletzung durch absolutes Unterlassen des Gesetzgebers, die nicht durch richterliche Rechtsfortbildung zu beseitigen sei, könne es nur gem. § 95 Abs. 1 BVerfGG feststellen, daß der Gesetzgeber durch Unterlassen Grundrechte verletzt habe.

b) Die Entscheidungen, in denen das BVerfG ausführlicher auf den Inhalt der verfassungsgerichtlichen Entscheidung bei gesetzgeberischem Unterlassen eingegangen ist, betreffen Fälle teilweisen Unterlassens[6]. Hier hat das Gericht die Ansicht vertreten, das auch gegen Art. 3 Abs. 1 GG verstoßende teilweise Unterlassen des Gesetzgebers habe nicht die Ungültigkeit des ganzen Gesetzes zur Folge[7]. Bei teilweisem Unterlassen liege hinsichtlich der benachteiligten Gruppen materiell zwar eine positive Entscheidung des Gesetzgebers vor, diese äußere sich aber formell in einem Unterlassen[8]. Das BVerfG könne daher nur feststellen, daß der Gesetzgeber durch Unterlassen das Grundrecht aus Art. 3 Abs. 1 GG verletzt habe. Weitere Einwirkungsmöglichkeiten auf den Gesetzgeber

---

[2] Zum Begriff des verfassungswidrigen Begünstigungsausschlusses vgl. § 1, 1 FN 17—20.
[3] BVerfGE 15, 337 (350): Höfeordnung der britischen Zone; 25, 167 (188): Nichtehelichenrecht des BGB.
[4] BVerfGE 10, 302 (329 f.): richterliche Entscheidung nach Art. 104 Abs. 2 GG auch bei Anstaltsunterbringung eines Entmündigten durch den Vormund.
[5] BVerfGE 8, 1 (20); 10, 302.
[6] BVerfGE 6, 257 (264 ff.); 15, 46: jeweils unvollständige Ausführung des Art. 131 GG.
[7] BVerfGE 15, 46 (75 unter III); siehe auch BVerfGE 6, 257 (264 f.).
[8] Vgl. BVerfGE 15, 46 (60).

seien nicht gegeben[9]. Das Gericht könne weder die gebotene Ergänzung vornehmen noch durch seinen Beschluß anordnen[10]. Die Feststellung des Unterlassens mache nicht den Weg frei für eine richterliche Ergänzung des gesetzgeberischen Willens[11]. In der Entscheidung im 22. Band[12], die sich grundlegend zum Entscheidungstenor bei gesetzgeberischem Unterlassen und konkludentem Begünstigungsausschluß äußert, heißt es, in diesen Fällen sei lediglich die Feststellung einer Grundrechtsverletzung möglich, weil eine für nichtig zu erklärende Norm fehle.

Das BVerfG geht davon aus, daß das Feststellungsurteil seine „moralische" Wirkung[13] auf den Gesetzgeber nicht verfehlen und diesen veranlassen wird, die Gesetzesergänzung alsbald vorzunehmen. Auf die Frage, ob die positive Teilregelung wegen Verstoßes gegen Art. 3 Abs. 1 GG dann nichtig wird, wenn der Gesetzgeber seiner Ergänzungspflicht nicht nachkommt, ist das Gericht nicht näher eingegangen[14]. Es brauchte dieses Problem auch in seinen späteren Entscheidungen nicht zu erörtern.

c) Einen verfassungswidrigen Begünstigungsausschluß hat das BVerfG in einer Entscheidung im 6. Band[15] für nichtig erklärt. Es handelte sich um eine Regelung, die für bestimmte unter das G 131 fallende Gruppen den Leistungsbeginn auf einen späteren Zeitpunkt festsetzte als für die sonstigen Berechtigten. Das BVerfG hat hier ausgeführt, die Regelung über den verspäteten Leistungsbeginn sei nichtig mit der Folge, daß die Benachteiligten die Leistungen von demselben Zeitpunkt erhalten müßten wie die übrigen Berechtigten[16].

Eine Abweichung von der bisher geschilderten Rechtsprechung enthält die Entscheidung des BVerfG zum Versorgungsanspruch eines Berufssoldaten nach dem G 131 i. d. F. v. 1. September 1953 (BGBl I S. 1288)[17], weil das Gericht hier ausnahmsweise einen konkludenten Ausschluß für nichtig erklärt hat. § 53 Abs. 1 Satz 1 G 131 a. F. sah eine Versorgung nur für solche ehemaligen Berufssoldaten vor, die „vor dem 8. Mai 1935 erstmals berufsmäßig in den Wehrdienst eingetreten" waren. § 77 G 131 bestimmte, daß den unter Art. 131 GG fallenden Personen außer den im G 131 geregelten keine weiteren Ansprüche aus ihrem Dienstverhältnis gegen den Bund oder andere Stellen zustanden. Damit

---

[9] BVerfGE 6, 257 (264 f.).
[10] BVerfGE 15, 46 (75 vor III).
[11] BVerfGE 15, 46 (75 f. unter III).
[12] BVerfGE 22, 349 (360).
[13] Vgl. BVerfGE 6, 257 (266).
[14] Siehe BVerfGE 6, 257 (266 I 1 a. E.).
[15] BVerfGE 6, 246 (256).
[16] BVerfGE 6, 246 (256 f.).
[17] BVerfGE 16, 94.

waren auch die Personen ausgeschlossen, die erst nach dem 8. Mai 1935 Berufssoldat geworden waren, aber gem. der damaligen Rechtslage bis zum Ende des Krieges einen Anspruch auf lebenslängliche Dienstzeitversorgung gegen das Reich erworben hatten. Das BVerfG ist hier davon ausgegangen, daß diese Berufssoldaten durch § 53 Abs. 1 Satz 1 G 131 a. F. von der Versorgung ausgeschlossen wurden[18], und hat deshalb die Vorschrift insoweit wegen Verstoßes gegen Art. 14 GG für nichtig erklärt. Gegenstand der Nichtigerklärung war damit aber ein teilweises Unterlassen des Gesetzgebers; denn der Relativsatz in § 53 Abs. 1 Satz 1 diente der genauen und abschließenden Umschreibung des berechtigten Personenkreises[19]. Insoweit lag also nur ein konkludenter Ausschluß vor[20]. Eine Benachteiligung des Beschwerdeführers durch eine ausdrückliche Regelung enthielt vielmehr § 77 G 131, der die Geltendmachung des vor dem Zusammenbruch erworbenen Versorgungsanspruchs ausschloß. Den § 77 G 131 hat das BVerfG jedoch nicht als Gegenstand seiner Entscheidung angesehen, wie der Tenor schon zeigt. Nach den vom BVerfG aufgestellten Grundsätzen über den Entscheidungstenor bei teilweisem Unterlassen des Gesetzgebers hätte daher nur eine den Grundrechtsverstoß feststellende Entscheidung ergehen dürfen.

2. Entscheidung bei willkürlichem Begünstigungsausschluß

a) Für die Entscheidung bei ausdrücklichem oder konkludentem willkürlichen Begünstigungsausschluß hat das BVerfG zunächst die folgenden Grundsätze aufgestellt[21]:

Mit Rücksicht auf die Gestaltungsfreiheit des Gesetzgebers dürfe es die Gleichheit nicht selbst herstellen und anstelle des Gesetzgebers einen neuen Gesetzeswortlaut festlegen. Bei einem Gesetz, das unter Verstoß gegen Art. 3 Abs. 1 GG eine bestimmte Personengruppe belaste, sei die belastende Regelung für nichtig zu erklären[22]; damit werde dem Gesetzgeber jede neue Gestaltungsmöglichkeit offengehalten. Verstoße ein Gesetz durch Begünstigung bestimmter Gruppen gegen Art. 3 GG, so könne das BVerfG entweder die begünstigende Vorschrift für nichtig erklären oder feststellen, daß diese Nichtberücksichtigung verfassungswidrig sei[23]. In beiden Fällen habe dann der Gesetzgeber darüber zu befinden, wie er bei einer Neuregelung dem Gleichheitssatz Rechnung

---
[18] BVerfGE 16, 94 (95, 103 B I 1).
[19] Ähnlich *Rauschning*, S. 238; *Stahler*, S. 12.
[20] Dies klingt in der Entscheidung (BVerfGE 16, 94/96 a. E.) an; denn es heißt dort, daß die Rechtsverhältnisse dieser Gruppe von Berufssoldaten ausdrücklich nicht geregelt seien.
[21] BVerfGE 8, 28 (36 f.).
[22] BVerfGE 8, 28 (37).
[23] BVerfGE 8, 28 (37).

tragen wolle. Einen gegen Art. 3 Abs. 1 GG verstoßenden ausdrücklichen Ausschluß dürfe es nur dann für nichtig erklären, wenn mit Sicherheit davon auszugehen sei, daß der Gesetzgeber bei Beachtung des Gleichheitssatzes die verbleibende Fassung des Gesetzes gewählt hätte[24].

b) In der Praxis hat das BVerfG jedoch bei Verfassungsbeschwerden niemals eine den Beschwerdeführer nicht erfassende begünstigende Vorschrift für nichtig erklärt. Eine Erklärung dieses Vorgehens enthält eine Entscheidung im 13. Band[25], wo es heißt: Die Nichtigerklärung der begünstigenden Norm scheide aus, weil dadurch das Anliegen des Beschwerdeführers nicht erfüllt werde. Die Verfassungsbeschwerde sei aber dazu bestimmt, der begründeten Beschwer des Beschwerdeführers abzuhelfen; daher komme nur eine die Verfassungswidrigkeit feststellende Entscheidung in Betracht.

Eine Abweichung von den im 8. Band aufgestellten Grundsätzen enthält BVerfG 17, 122, wo das Gericht einen konkludenten willkürlichen Begünstigungsausschluß für nichtig erklärt hat. Auf diese in der Literatur[26] kritisierte Entscheidung soll näher eingegangen werden, weil sie m. E. — ebenso wie die o. a. Entscheidung im 16. Band — Anhaltspunkte dafür bietet, wie der Grundrechtsschutz des Bürgers bei gesetzgeberischem Unterlassen und willkürlicher Nichtbegünstigung effektiver gestaltet werden kann. Gegenstand des Verfahrens war § 19 Abs. 1 BWGöD i. d. F. v. 23. Dezember 1955 (BGBl I S. 820, 822). Das BWGöD i. d. F. v. 1951 (BGBl I S. 293) sah für die durch nationalsozialistische Verfolgungsmaßnahmen geschädigten Angehörigen des öffentlichen Dienstes Wiedergutmachungsansprüche in der Form wiederkehrender Leistungen und für die Zeit vor Inkrafttreten des Gesetzes in Form einer Kapitalentschädigung vor. Die Gewährung der wiederkehrenden Leistungen war in den §§ 10—18 geregelt. Bezüglich der Kapitalentschädigung bestimmte § 19 Abs. 1 BWGöD i. d. F. v. 1951: „Für die Zeit vom 1. April 1950 bis zum Inkrafttreten dieses Gesetzes wird eine Entschädigung in Höhe der sich nach den §§ 10 bis 18 ergebenden Versorgungsbezüge gewährt." Durch das BWGöD i. d. F. v. 1955 wurde § 19 Abs. 1 dahin abgeändert, daß für die fragliche Zeit „eine Entschädigung in Höhe der sich nach den §§ 10, 11, 12, 13, 17 und 18 ergebenden Versorgungsbezüge" gewährt wurde. Da § 19 Abs. 1 i. d. F. v. 1955 die §§ 14—16 nicht erwähnte, stand den Personen, die gem. diesen Vorschriften wiederkehrende Leistungen beanspruchen konnten, nach der Gesetzesänderung ein Anspruch auf die Kapitalentschädigung nicht

---

[24] BVerfGE 8, 28 (37).
[25] BVerfGE 13, 248 (260 D).
[26] Siehe *Lenz*, Hamann-Lenz, Art. 3, Anm. A 3 (S. 152); *Rupp-v. Brünneck*, Festschrift, S. 355 (367 FN 49); *dies.*, Grundrechte, S. 45 f. (FN 15).

mehr zu[27]. Das BVerfG sah in der Schlechterstellung bestimmter Gruppen von Geschädigten einen Verstoß gegen Art. 3 Abs. 1 GG und erklärte § 19 Abs. 1 BWGöD i. d. F. v. 1955 insoweit für nichtig, als er dem in § 15 genannten Personenkreis[28] für die fragliche Zeit die Kapitalentschädigung nicht gewährte. Da diese Personen nicht ausdrücklich ausgeschlossen waren, ist gegen diese Entscheidung eingewandt worden[29], das BVerfG habe eine „Nichtregelung" für nichtig erklärt. Dem ist jedoch entgegenzuhalten, daß der Gesetzgeber den § 19 Abs. 1 BWGöD i. d. F. v. 1955 bewußt so gefaßt hatte, um den benachteiligten Gruppen die Kapitalentschädigung vorzuenthalten[30]. Der Entscheidungsausspruch des BVerfG betraf also einen konkludenten Ausschluß; denn die in § 19 Abs. 1 enthaltene Aufzählung der §§ 10 ff. diente der abschließenden Umschreibung des berechtigten Personenkreises. Mit seiner Entscheidung hat das Verfassungsgericht demnach den konkludenten Ausschluß beseitigt. Damit wurde zwar die ausgeschlossene Gruppe noch nicht unmittelbar vom Gesetz erfaßt[31]. Es entstand jedoch eine Lücke, die von der Verwaltung und den Gerichten durch analoge Anwendung des § 19 Abs. 1 zu schließen war. Ob das BVerfG seine Entscheidung in dem hier dargelegten Sinn verstanden hat, ist nicht festzustellen; es hat sich nämlich insoweit nicht geäußert. Aus der Tatsache, daß das Gericht im 22. Band ausgeführt hat[32], ein Gesetz könne nicht für nichtig erklärt werden, soweit es etwas nicht ausdrücklich regele, muß jedoch entnommen werden, daß es den im 17. Band beschrittenen Weg nicht mehr für gangbar hält und deshalb aufgegeben hat[33].

c) Vom 18. Band[34] an hat das BVerfG hinsichtlich der Möglichkeit einer Nichtigerklärung schärfer zwischen einem konkludenten und einem ausdrücklichen Ausschluß unterschieden. Im 22. Band[35] hat es dann in Fortführung seiner bisherigen Rechtsprechung für den Entscheidungsausspruch bei willkürlichem Begünstigungsausschluß die folgenden Grundsätze aufgestellt:

---

[27] Vgl. BVerfGE 17, 122 (129, 2 a).
[28] Zu diesem Kreis gehörte die Beschwerdeführerin.
[29] So z. B. *Lenz*, Hamann-Lenz, Art. 3, Anm. A 3 (S. 152 a. E.).
[30] Vgl. BVerfGE 17, 122 (129 f.).
[31] Eine andere Auslegung der Entscheidung bringt *Sigloch*, Maunz-Sigloch, § 80, Rdnr. 65 (S. 52, FN 1). Nach ihm ist mit der teilweisen Nichtigerklärung des § 19 Abs. 1 n. F. nur festgestellt worden, daß § 19 Abs. 1 a. F. insoweit nicht durch das Änderungsgesetz außer Kraft gesetzt worden war. Wie die spätere Rechtsprechung des BVerfG (BVerfGE 22, 349 [360 ff.]) und das in FN 26 zitierte Schrifttum zeigen, ist die Entscheidung aber wohl nicht in diesem Sinne zu verstehen.
[32] BVerfGE 22, 349 (360 ff.).
[33] Vgl. insoweit auch *Rupp-v. Brünneck*, Grundrechte, S. 45 f. (FN 15).
[34] BVerfGE 18, 288 (301).
[35] BVerfGE 22, 349 (360 ff.).

(1) Erwähnt die begünstigende Regelung die benachteiligte Gruppe überhaupt nicht und scheidet ihre entsprechende Anwendung aus, so liegt der Verfassungsverstoß in einem Schweigen des Gesetzgebers. Hier soll es gesetzestechnisch nicht möglich sein, diese „Lücke" für nichtig zu erklären. Dem Anliegen des Beschwerdeführers kann das Gericht nur durch die Feststellung entsprechen, daß die bestehende gesetzliche Regelung durch die Nichtberücksichtigung der übergangenen Personengruppe Art. 3 Abs. 1 GG verletzt[36].

Nach dem BVerfGG i. d. F. v. 1970 trifft das BVerfG nunmehr nicht nur diese Feststellung, sondern erklärt auch, daß die Norm insoweit mit dem GG unvereinbar ist[37].

(2) Besteht der Verfassungsverstoß darin, daß eine bestimmte Gruppe in einem begünstigenden Gesetz ausdrücklich ausgeschlossen ist, so wird eine Nichterklärung des Ausschlusses für möglich erachtet. Sie soll aber mit Rücksicht auf die Gestaltungsfreiheit des Gesetzgebers dann entfallen, wenn dieser den Verstoß gegen Art. 3 Abs. 1 auf verschiedene Weise beheben kann[38]. Die Nichtigerklärung des Ausschlusses ist danach nur zulässig, wenn mit Rücksicht auf einen zwingenden Verfassungsauftrag oder nach den sonstigen Umständen des Einzelfalles nur dieser Weg bleibt, um den Verfassungsverstoß zu beseitigen.

Eine nähere Betrachtung der insoweit einschlägigen Entscheidungen ergibt, daß das BVerfG im wesentlichen immer dann einen ausdrücklichen Ausschluß für nichtig erklärt hat, wenn es zu der Überzeugung gelangt ist, daß der Gesetzgeber bei Kenntnis des Verfassungsverstoßes die benachteiligte Gruppe in die günstige Regelung aufgenommen hätte. Dies wird in einigen Entscheidungen des Gerichts ausdrücklich ausgesprochen[39]. Der mutmaßliche Wille des Gesetzgebers ist aber auch dann für die Nichtigerklärung des Ausschlusses ausschlaggebend gewesen, wenn der Entscheidungsausspruch damit begründet worden ist, daß durch die Nichtigerklärung lediglich eine kleine Gruppe in den Kreis der Begünstigten aufgenommen werde[40]. Der mutmaßliche Wille des Gesetzgebers trägt die Nichtigerklärung schließlich auch in den Fällen, in denen es heißt, daß der Gesetzgeber für die Regelung einer bestimmten Materie gewisse Grundentscheidungen getroffen habe und daß im Rahmen dieser Regelungsprinzipien die Ungleichbehandlung nur durch die Vernichtung des Ausschlusses beseitigt werden könne[41]. Hier geht

---
[36] BVerfGE 22, 349 (360 f.).
[37] Vgl. BVerfGE 28, 324 (361 f.); 29, 57; Beschluß v. 24. 2. 1971 — 1 BvR 438/68 u. a.
[38] BVerfGE 22, 349 (361 f.).
[39] Vgl. BVerfGE 8, 28 (37); 14, 308 (312); 17, 148 (152 f.); 22, 163 (174); 27, 391 (399); 28, 227 (243).
[40] Siehe BVerfGE 13, 31 (39); 22, 163 (174).
[41] Vgl. BVerfGE 21, 329 (354); 27, 220 (230); 27, 364 (374).

das BVerfG nämlich davon aus, daß der Gesetzgeber, obwohl er die Möglichkeit hätte, nicht gewillt sein wird, andere Regelungsprinzipien zu wählen; denn das Gericht hat in keiner der Entscheidungen dargetan, daß der Gesetzgeber von Verfassungs wegen auf die ausgewählten Regelungsprinzipien festgelegt war.

d) Auch in der neueren Rechtsprechung des BVerfG, die im 18. Band[42] eingeleitet wurde, lassen sich Entscheidungen feststellen, die aus dem Rahmen fallen. Hier sind zunächst die Entscheidungen zu § 65 Abs. 1[43] und Abs. 2[44] AVAVG zu nennen. In diesen Beschlüssen, auf die später noch zurückzukommen ist[45], hat das BVerfG eine ausdrückliche Regelung, die bestimmte Personen von der Arbeitslosenversicherung ausschloß, teilweise für nichtig erklärt, obwohl diese Teilnichtigerklärung mit der Konzeption des AVAVG und dem Willen des Gesetzgebers nicht vereinbar war[46].

Als Abweichung von den im 22. Band aufgestellten Grundsätzen muß auch die Entscheidung des 2. Senats zu § 18 Abs. 6 LBesG NRW angesehen werden[47]. Diese Vorschrift sah vor, daß einem Beamten für verheiratete Kinder kein Kinderzuschlag zu gewähren war. Der 2. Senat hat diese Ausschlußregelung wegen Verstoßes gegen Art. 3 Abs. 1 GG für nichtig erklärt. Der 1. Senat, der über ähnliche Ausschlußregelungen in der sozialen Rentenversicherung[48], dem BVG[49] und dem BKGG[50] zu entscheiden hatte, hat dagegen lediglich festgestellt, daß die Regelungen mit Art. 6 Abs. 1 bzw. Art. 3 Abs. 1 i. V. m. Art. 6 Abs. 1 GG unvereinbar seien. Von einer Nichtigerklärung wurde abgesehen, weil für den Gesetzgeber mehrere Möglichkeiten bestehen, den Verfassungsverstoß zu beseitigen[51]. Die Nichtigerklärung des § 18 Abs. 6 LBesG NRW durch den 2. Senat wäre demnach nur gerechtfertigt, wenn der Gesetzgeber im Beamtenrecht diese mehreren Möglichkeiten nicht hat. Auf diese Frage ist der 2. Senat jedoch nicht eingegangen.

II. Stellungnahme der herrschenden Meinung im Schrifttum

Die wohl herrschende Meinung in der Literatur stimmt der neueren Rechtsprechung des BVerfG zum Entscheidungsausspruch bei gesetz-

---
[42] BVerfGE 18, 288.
[43] BVerfGE 20, 379.
[44] BVerfGE 18, 366 (379 f.).
[45] Siehe unten § 8 II, 2.
[46] Vgl. hierzu die Kontroverse zwischen *Neumann-Duesberg* (SGb 1966, 481 ff.; 1967, 205 ff.) und *Leder* (SGb 1967, 193 ff.; BABl 1967, 173 ff.); siehe auch BSGE 25, 150.
[47] BVerfGE 29, 1 (10).
[48] BVerfGE 28, 324.
[49] BVerfGE 29, 57.
[50] BVerfGE 29, 71.
[51] Vgl. BVerfGE 28, 324 (361 ff.).

geberischem Unterlassen und willkürlichem Begünstigungsausschluß im wesentlichen zu[52]. Sie folgt dem BVerfG vor allem darin, daß bei gesetzgeberischem Unterlassen eine Nichtigerklärung ausscheide; denn ein Gesetz könne nicht für nichtig erklärt werden, soweit es lückenhaft sei[53]. Die Entscheidung im 17. Band[54] wird daher allgemein abgelehnt. Abgesehen von *Lenz*[55], der hinsichtlich dieser Entscheidunng von der „Nichtigerklärung einer Nichtregelung" spricht, hat besonders *Rupp-v. Brünneck* gegen diese Entscheidung Stellung genommen[56]. Sie meint, die hier erfolgte Nichtigerklärung einer „Gesetzeslücke" sei ein „surrealistischer Ausweg" gewesen.

Auch *Stahler*[57] und *Schneider*[58] folgen hinsichtlich des Entscheidungsausspruchs bei gesetzgeberischem Unterlassen der Rechtsprechung des BVerfG. Sie sind der Ansicht, daß in diesen Fällen eine Regelung fehle, die durch die Nichtigerklärung kassiert werden könne[59]. Ein ausdrücklicher Ausschluß soll jedoch nach Auffassung beider Autoren stets für nichtig zu erklären sein[60], also auch dann, wenn er nur gegen Art. 3 Abs. 1 GG verstößt.

III. Kritik

Sowohl nach der Rechtsprechung des BVerfG als auch nach der h. M. in der Literatur ist u. a. die jeweilige Formulierung des Gesetzes dafür ausschlaggebend, ob eine Nichtigerklärung oder nur eine feststellende Entscheidung ergeht. Damit hängt die Effektivität des verfassungsgerichtlichen Grundrechtsschutzes vielfach davon ab, wie der Gesetzgeber zufällig die Vorschrift formuliert hat[61]. Unter Umständen kann sogar die Auslegung einer Norm die Art des jeweiligen Entscheidungsausspruchs bestimmen. Sieht das BVerfG nämlich eine den Kreis der Berechtigten abschließend umschreibende Formulierung, die lediglich einen konkludenten Ausschluß darstellt, als ausdrücklichen Ausschluß

---

[52] Vgl. *Lechner*, NJW 1955, 1817 (1819); *ders.*, § 95 BVerfGG, Anm. a zu Abs. 1, Anm. zu Abs. 3 Satz 2; *Leibholz-Rupprecht*, § 95, Rdnr. 6 f.; *Lenz*, Hamann-Lenz, Art. 3, Anm. A 3; *Lerche*, AöR 90, 341 (353 f., 361 f.); *Rauschning*, S. 337 ff.; *Ritter*, S. 154; *Rupp-v. Brünneck*, Grundrechte, S. 45 f.; *dies.*, Festschrift, S. 367 f.; *Seiwerth*, S. 72, 118; *Schmidt-Bleibtreu*, Maunz-Sigloch, § 90, Rdnr. 96, 121.
[53] So *Puppe*, DVBl 1970, 317.
[54] BVerfGE 17, 122; vgl. § 6 I, 2 b FN 26.
[55] *Lenz*, a.a.O., S. 152.
[56] *Rupp-v. Brünneck*, Grundrechte, S. 45 f. (FN 15); *dies.*, Festschrift, S. 355 (367, FN 49).
[57] *Stahler*, S. 7, 131 ff.
[58] *R. Schneider*, AöR 89, 24 (26, 40, 45 f., 47).
[59] *Stahler*, S. 132.
[60] *Stahler*, S. 5; *R. Schneider*, AöR 89, 24 (40, 45).
[61] Ähnlich *H. Brinkmann*, Gesetz, S. 94; *Chr. Böckenförde*, S. 131; *Lerche*, AöR 90, 341 (343).

an[62], so erklärt es die Norm insoweit für nichtig, falls es der Überzeugung ist, damit nicht in die Gestaltungsfreiheit des Gesetzgebers einzugreifen.

Die unterschiedliche Behandlung des ausdrücklichen Ausschlusses einerseits und des konkludenten Ausschlusses andererseits ist wenig befriedigend. Sie beruht letztlich darauf, daß das BVerfG davon ausgeht, bei gesetzgeberischem Unterlassen und willkürlichem konkludenten Begünstigungsausschluß fehle eine gesetzliche Regelung, die für nichtig erklärt werden könne. Diese Annahme trifft aber nur für ein absolutes Unterlassen des Gesetzgebers zu, das im Rahmen der Verfassungsbeschwerde z. B. von Bedeutung ist, soweit es sich auf die Besoldungsgesetzgebung bezieht[63]. Da hier das BVerfG die unzulänglich gewordene Besoldungsregelung aus verfassungsrechtlichen Gründen nicht für nichtig erklären kann[64], beruht die Rechtsbeeinträchtigung der Beamten auf einem Untätigsein des Gesetzgebers. Bei teilweisem Unterlassen und konkludentem Begünstigungsausschluß ist dagegen — wie im ersten Teil der Arbeit gezeigt wurde[65] — stets eine Regelung des Gesetzgebers gegeben, die den Beschwerdeführer von der Vergünstigung ausschließt. Der Ausschluß ergibt sich zwar nicht unmittelbar aus dem Wortlaut des Gesetzes; er ist der Norm jedoch durch Auslegung zu entnehmen. Durch diese Ausschlußregelung wird der Beschwerdeführer benachteiligt; auf ihr beruhen die Urteile, die das Begehren des Beschwerdeführers abgewiesen haben. Aufgrund der Verfassungsbeschwerde muß das BVerfG über die Verfassungsmäßigkeit der Ausschlußregelung und nicht über ein Unterlassen des Gesetzgebers entscheiden. Denn bei einer Verfassungsbeschwerde, die sich unmittelbar oder mittelbar gegen ein Gesetz richtet, ist die erlassene Norm und nicht das die Grundrechte verletzende Verhalten des Gesetzgebers Gegenstand der verfassungsgerichtlichen Prüfung und Entscheidung[66]. Im Fall des „von Rohdich'schen Legatenfonds"[67] hätte das BVerfG also über den konkludenten Ausschluß der ehemaligen Angehörigen dieser Einrichtung entscheiden müssen und nicht, wie es geschehen ist, über das Unterlassen und damit über das Verhalten des Gesetzgebers.

Da sowohl bei teilweisem Unterlassen des Gesetzgebers als auch bei konkludentem Begünstigungsausschluß eine Regelung des Gesetzgebers vorliegt, könnte man daran denken, diesen konkludenten Ausschluß unter den gleichen Voraussetzungen für nichtig zu erklären wie einen

---

[62] Vgl. z. B. BVerfGE 16, 94; siehe auch § 6 I, 1 c FN 17.
[63] Siehe § 4 III, B 2 b.
[64] BVerfGE 8, 1 (9 f.).
[65] Vgl. § 4 II, 3.
[66] Vgl. BVerfGE 6, 121 (126).
[67] BVerfGE 15, 46.

ausdrücklichen Ausschluß. Einer solchen Nichtigerklärung steht nicht entgegen, daß es sich nur um einen konkludenten Ausschluß handelt, der nicht schon durch Streichung eines Satzes oder Satzteiles der Vorschrift beseitigt werden kann. Das BVerfG hat nämlich nicht über die Verfassungsmäßigkeit des bloßen Wortlauts einer Norm zu entscheiden, sondern darüber, ob der normative Gehalt des Gesetzestextes mit dem GG vereinbar ist. Zwar kann die Nichtigerklärung des konkludenten Ausschlusses nicht bewirken, daß unmittelbar eine Anspruchsgrundlage für das Begehren des Beschwerdeführers geschaffen wird. Eine derartige Entscheidung würde jedoch den Ausschluß und damit das Analogieverbot beseitigen; es entstünde eine Lücke im Gesetz, welche die Gerichte durch analoge Anwendung der begünstigenden Teilregelung schließen könnten[68]. So hätte das BVerfG z. B. im Fall des „von Rohdich'schen Legatenfonds"[69] den konkludenten Ausschluß der ehemaligen Angehörigen dieser Einrichtung für nichtig erklären können. Nach Zurückverweisung der Sache an das BAG oder — falls noch tatsächliche Aufklärungen erforderlich waren — an das zuständige LArbG hätte dann alsbald aufgrund analoger Anwendung des G 131 eine dem Beschwerdeführer günstige Entscheidung ergehen können. Mit einer solchen Entscheidung wäre nicht in die Gestaltungsfreiheit des Gesetzgebers eingegriffen worden; denn nach Ansicht des BVerfG konnte der verfassungsgemäße Zustand nur durch eine entsprechende Ergänzung des G 131 hergestellt werden[70]. Bei diesem Vorgehen hätte sich die Aussetzung des Rechtsstreits bis zur Ergänzung des G 131 durch den Gesetzgeber, der hierfür gut acht Monate benötigte[71], erübrigt. Daß dieser Form der Rechtsschutzgewährung die vom BVerfG angenommenen gesetzestechnischen Schwierigkeiten nicht entgegenstehen, beweisen die Entscheidungen im 16. und 17. Band[72].

Die gesetzestechnisch mögliche Nichtigerklärung eines konkludenten Ausschlusses kommt jedoch dann nicht in Betracht, wenn bei teilweisem Unterlassen des Gesetzgebers und willkürlichem Begünstigungsausschluß die ganze Regelung, also auch die positive Teilregelung, wegen Verstoßes gegen das GG nichtig ist. Ob der verfassungswidrige Ausschluß die Nichtigkeit der ganzen Regelung zur Folge haben kann, wird vom BVerfG in seiner neueren Rechtsprechung nicht näher erörtert. Im 8. Band[73] hat das Gericht jedoch bei einem willkürlichen Begünsti-

---

[68] Vgl. *H. Brinkmann*, Gesetz, S. 121 ff., 175 ff., der ein solches Vorgehen uneingeschränkt für zulässig hält.
[69] BVerfGE 15, 46; siehe auch § 1 II, 3.
[70] BVerfGE 15, 46 (76).
[71] Vgl. § 1 II, 3 FN 43.
[72] BVerfGE 16, 94; vgl. auch § 6 I, 1 c; BVerfGE 17, 122; vgl. auch § 6 I, 2 b.
[73] BVerfGE 8, 28 (37).

gungsausschluß auch die Nichtigerklärung der begünstigenden Regelung für möglich gehalten. Seinerzeit ist es also wohl davon ausgegangen, daß der Verstoß gegen Art. 3 Abs. 1 GG, der sich aus dem Verhältnis der Ausschlußregelung zur begünstigenden Regelung ergibt, auch zur Nichtigkeit der begünstigenden Vorschrift führen kann. Ein Teil der Literatur[74] ist sogar der Ansicht, daß bei willkürlichem Begünstigungsausschluß stets die begünstigende Vorschrift nichtig sei. Es bedarf somit der Klärung, wie sich bei teilweisem Unterlassen des Gesetzgebers und willkürlichem Begünstigungsausschluß der Verstoß gegen Art. 3 GG auf den Bestand der begünstigenden Vorschrift und damit auf den Inhalt der verfassungsgerichtlichen Entscheidung auswirkt.

§ 7 Zur teilweisen Verfassungswidrigkeit eines gegen den Gleichbehandlungsgrundsatz verstoßenden Gesetzes

I. Meinungsstand

1. Folgen eines teilweisen gesetzgeberischen Unterlassens

a) Bei teilweisem Unterlassen des Gesetzgebers, das stets auch gegen Art. 3 Abs. 1 GG verstößt, besteht in der Literatur Einigkeit darüber[1], daß die begünstigende Regelung verfassungsrechtlich nicht zu beanstanden ist. Anfechtbar und damit Gegenstand der verfassungsgerichtlichen Entscheidung soll allein das teilweise Unterlassen des Gesetzgebers sein, das vielfach als ein Untätigsein des Gesetzgebers und nicht als konkludente Ausschlußregelung verstanden wird. Zur Begründung wird — im wesentlichen übereinstimmend — angeführt, der Beschwerdeführer habe aufgrund des Verfassungsauftrages einen Anspruch darauf, daß die begünstigende Regelung auf ihn ausgedehnt werde. Er sei daher allein durch den Ausschluß beschwert. Die Nichtigerklärung der begünstigenden Teilregelung komme nicht in Betracht; denn dadurch werde ein Zustand geschaffen, welcher dem GG noch weniger entsprechen würde als der bestehende.

b) Auch das BVerfG ist bei teilweisem Unterlassen des Gesetzgebers davon ausgegangen[2], daß die begünstigende Regelung von dem Ausschluß getrennt werden kann und daß sie, soweit ihre Ergänzung möglich ist, verfassungsrechtlich nicht zu beanstanden ist. In den Fällen, in

---

[74] *Pfeiffer*, S. 12 f.; *Salzwedel*, S. 339 (342 ff.); *Seufert*, S. 178, 231, 333 ff.; *Wessel*, DVBl 1952, 161 (164).
[1] Vgl. *Lerche*, AöR 90, 341 ff.; *Salzwedel*, S. 339 (343 f.); *Schmidt-Bleibtreu*, Maunz-Sigloch, § 90, Rdnr. 56, 107 ff.; *Seiwerth*, S. 66 ff.; *Seufert*, S. 173, 222 ff., 322 ff. m. w. N.
[2] BVerfGE 6, 257 (264).

denen es einen verfassungswidrigen Begünstigungsausschluß angenommen hat[3], ist ebenfalls nur über den Ausschluß entschieden worden. Das BVerfG ist also der Ansicht, daß die unvollständige und damit auch gegen Art. 3 Abs. 1 GG verstoßende Ausführung eines Verfassungsauftrages den Bestand der begünstigenden Regelung nicht berührt.

2. Folgen eines willkürlichen Begünstigungsausschlusses

a) Bei einem konkludenten willkürlichen Begünstigungsausschluß wird von einem Teil der Literatur[4] die Ansicht vertreten, daß hier die begünstigende Regelung Gegenstand der verfassungsgerichtlichen Entscheidung sei, weil die Nichtbegünstigung der Ausgeschlossenen, die als gesetzgeberisches Unterlassen verstanden wird, nicht selbständig anfechtbar sei. Der Beschwerdeführer werde allein durch die positive Regelung beschwert, die für nichtig zu erklären sei. Nach *Salzwedel*[5] und *Seufert*[6] soll dies grundsätzlich auch für einen ausdrücklichen willkürlichen Begünstigungsausschluß gelten. Zur Begründung wird im wesentlichen vorgebracht: Art. 3 Abs. 1 GG sei ein Grundrecht des negativen Status, das dem Einzelnen nur ein Abwehrrecht, aber keinen Anspruch auf Begünstigung gewähre. Der Gesetzgeber sei daher — anders als beim teilweisen Unterlassen — nicht verpflichtet, die begünstigende Regelung auf die bisher Ausgeschlossenen auszudehnen. Der allgemeine Gleichheitssatz verbiete dem Gesetzgeber eine „allzu enge Belastung oder Begünstigung"[7]; ein gegen dieses Verbot verstoßendes Gesetz sei nichtig.

Nach anderer Auffassung kann jedoch auch ein willkürlicher Begünstigungsausschluß selbständig angefochten werden[8]. Eine Anfechtung der begünstigenden Vorschrift wird wegen Fehlens des Rechtsschutzbedürfnisses abgelehnt, weil die Aufhebung dieser Regelung die Stellung des Beschwerdeführers nicht verbessere[9].

b) Das BVerfG hat, soweit ein willkürlicher Begünstigungsausschluß mit der Verfassungsbeschwerde angefochten wurde, die Nichtigerklärung der begünstigenden Vorschrift stets deshalb abgelehnt, weil eine solche Entscheidung dem Begehren des Beschwerdeführers nicht gerecht würde[10]. Hieraus könnte man schließen, daß nach seiner Auffassung der

---
[3] BVerfGE 6, 246; 16, 94; vgl. hierzu § 6 I, 1 c FN 17.
[4] Vgl. *Pfeiffer*, S. 13 f.; *Salzwedel*, S. 339 (342 ff.); *Schubach*, S. 67 f.; *Seufert*, S. 178, 231, 333 ff.; *Wessel*, DVBl 1952, 161 (164).
[5] *Salzwedel*, S. 345.
[6] *Seufert*, S. 334 f.
[7] *Salzwedel*, S. 339 (343).
[8] *Lechner*, NJW 1955, 1817 (1818); *R. Schneider*, AöR 89, 24 (33 ff., 40); *Seiwerth*, S. 70 ff. (74).
[9] *R. Schneider*, ZZP 79, 1 (48 ff.); *Seiwerth*, S. 74 f.
[10] BVerfGE 13, 248 (260); 18, 288 (300 ff.).

§ 7 Teilweise Verfassungswidrigkeit eines Gesetzes

Verstoß gegen Art. 3 GG die Gültigkeit der begünstigenden Regelung nicht berührt. Im Rahmen der konkreten Normenkontrolle (Art. 100 Abs. 1 GG) hat das Gericht jedoch früher wiederholt[11] eine andere Ansicht vertreten. Es hat nämlich Vorlagen, die einen konkludenten willkürlichen Ausschluß zur Prüfung des Verfassungsgerichts stellten, mit der Begründung zurückgewiesen, daß das vorlegende Gericht das klägerische Begehren auch abweisen müsse, wenn die Nichtbegünstigung des Klägers gegen Art. 3 Abs. 1 GG verstoße; denn in diesem Fall sei das Gesetz, also die begünstigende Regelung, für nichtig zu erklären. Diese Rechtsprechung ist später aufgegeben worden[12]; ob dies aus prozessualen oder aus materiellrechtlichen Gründen geschah, ist nicht klar ersichtlich.

II. Stellungnahme

1. Gegenstand der verfassungsgerichtlichen Entscheidung bei ausdrücklichem und konkludentem Ausschluß

Die Frage, ob das BVerfG bei willkürlichem Begünstigungsausschluß die begünstigende Vorschrift für nichtig erklären muß, wirft zunächst einmal ein prozessuales Problem auf. Es muß nämlich geklärt werden, ob lediglich der den Beschwerdeführer benachteiligende Ausschluß oder auch die begünstigende Regelung Gegenstand der verfassungsgerichtlichen Prüfung und Entscheidung ist. Bei der Bestimmung des Entscheidungsgegenstandes geht es aber auch um ein materiellrechtliches Problem; denn eine auf den Ausschluß beschränkte Entscheidung kann nur zulässig sein, wenn dieser von der begünstigenden Regelung getrennt werden kann und somit selbständig anfechtbar ist. Dieselben Fragen stellen sich grundsätzlich auch für die verfassungsgerichtliche Entscheidung bei teilweisem Unterlassen des Gesetzgebers.

a) Soweit bestimmte Personengruppen durch einen ausdrücklichen oder konkludenten willkürlichen Begünstigungsausschluß von der Teilhabe an einer gesetzlichen Vergünstigung ausgeschlossen sind, ist Art. 3 Abs. 1 GG verletzt, weil Gleiches ungleich behandelt wird. Der Verstoß gegen den allgemeinen Gleichheitssatz ergibt sich bei ausdrücklichem Ausschluß aus dem Vergleich zweier Regelungen, von denen die eine bestimmte Gruppen begünstigt, während die andere gewissen Gruppen ganz oder teilweise die Vergünstigung ausdrücklich versagt. Der Verfassungsverstoß folgt also aus dem Verhältnis beider Regelungen zueinander, er ist damit letztlich in der Gesamtregelung begründet[13]. Dies

---

[11] Vgl. BVerfGE 14, 308 (311 ff.); 15, 121 (125 f.).
[12] Siehe BVerfGE 23, 74 (78); vgl. auch *Leibholz-Rupprecht*, § 80, Rdnr. 22 a. E.
[13] So auch *Chr. Böckenförde*, S. 131; *Dax*, S. 125, 131; *Krohn*, BB 1968, 38 und 1072 (1078).

zeigt besonders deutlich die Entscheidung des BVerfG zur Verfassungswidrigkeit der Kinderfreibetragsregelung im früheren EStG[14]. Nach § 32 Abs. 2 Nr. 1 EStG a. F.[15] stand den zur Einkommensteuer veranlagten Steuerpflichtigen ein Kinderfreibetrag nur für die Kinder zu, die nach dem 30. April des jeweiligen Veranlagungszeitraums das 18. Lebensjahr vollendeten. Die nichtveranlagten Lohnsteuerpflichtigen erhielten dagegen den Kinderfreibetrag auch dann, wenn das Kind vor dem 30. April das 18. Lebensjahr vollendete; denn für die Lohnsteuer bestimmte § 39 Abs. 2 Satz 1 EStG, daß hinsichtlich der Steuerklasse und der Zahl der zu berücksichtigenden Kinder die Verhältnisse zu Beginn des jeweiligen Kalenderjahres maßgebend waren. Betrachtete man jede dieser Regelungen für sich, so waren sie nicht zu beanstanden. Der Verfassungsverstoß ergab sich erst daraus, daß aufgrund dieser Vorschriften gleich liegende Sachverhalte ohne hinreichenden Grund verschieden behandelt wurden. Die Verletzung des Art. 3 Abs. 1 GG lag damit in der Gesamtregelung[16].

Das gleiche gilt, wenn der ausdrückliche Ausschluß in einem Satz, Satzteil oder Wort der begünstigenden Regelung zum Ausdruck kommt[17] oder nur ein konkludenter Ausschluß gegeben ist. Auch hier stehen sich — wie im ersten Teil der Arbeit gezeigt wurde — zwei Regelungen gegenüber, die begünstigende und die Ausschlußregelung. Es trifft also nicht zu, daß —wie ein Teil der Literatur annimmt[18] — die Ausgeschlossenen durch die begünstigende Regelung unmittelbar beschwert sind. Der Unterschied dieser Fälle zur Regelung des EStG a. F. besteht lediglich darin, daß die ausdrückliche oder konkludente Ausschlußregelung gegenstandslos wird, sobald die begünstigende Regelung aufgehoben ist. Der Verstoß gegen Art. 3 Abs. 1 GG ist aber auch hier in dem Verhältnis der beiden gesetzlichen Regelungen zueinander begründet. Eine Verletzung des GG wäre nämlich zu verneinen, wenn die ausdrückliche oder konkludente Ausschlußregelung und damit das Analogieverbot nicht bestünden; dann könnte nämlich durch analoge Anwendung der

---

[14] BVerfGE 23, 1.
[15] Das EStG ist insoweit durch das Steueränderungsgesetz 1968 vom 20. Februar 1969 (BGBl I S. 141) geändert worden. Für die Einkommensteuerpflichtigen gilt nunmehr die gleiche Kinderfreibetragsregelung wie bisher schon für die Lohnsteuerpflichtigen.
[16] Ähnlich BVerfGE 23, 1 (11).
[17] Vgl. etwa die Ausschlußregelung in § 18 Abs. 6 LBesG NRW hinsichtlich der Kinderzuschlags für verheiratete Kinder (BVerfGE 29, 1; siehe § 6 I, 2 d FN 47). Siehe auch die „Heiratsklauseln" in der Rentenversicherung (z. B. § 44 Abs. 1 Satz 2 AVG i. d. F. v. 23. Februar 1957); während unverheiratete und noch in der Schul- oder Berufsausbildung stehende Waisen die Rente auch über das 18. Lebensjahr hinaus erhielten, waren verheiratete Waisen in gleicher Lage durch die Worte „unverheiratetes Kind" vom Weiterbezug der Rente ausgeschlossen (BVerfGE 28, 324).
[18] Siehe § 7 I, 2 a FN 4.

§ 7 Teilweise Verfassungswidrigkeit eines Gesetzes

begünstigenden Teilregelung dem Gleichheitssatz Rechnung getragen werden.

Bei teilweisem Unterlassen des Gesetzgebers und verfassungswidrigem Begünstigungsausschluß ergibt sich der Verstoß gegen Art. 3 GG ebenfalls aus dem Vergleich der begünstigenden Regelung mit der Ausschlußregelung. Hier kommt jedoch hinzu, daß der Ausschluß zugleich mit dem jeweiligen Verfassungsauftrag unvereinbar ist.

Der Beschwerdeführer ist also stets durch die Ausschlußregelung unmittelbar beschwert, auf ihr beruht bei der Urteilsverfassungsbeschwerde das angefochtene Urteil. Geht man hiervon aus, so bestehen keine Bedenken, wenn das BVerfG sich in seiner Entscheidung auf die Ausschlußregelung beschränkt und die begünstigende Vorschrift nicht aufhebt. Denn der verfahrenseinleitende Antrag bzw. das Begehren des Beschwerdeführers[19] bestimmen den Verfahrensgegenstand und die Entscheidungsbefugnis des BVerfG[20]. Nach § 95 Abs. 3 Satz 2 BVerfGG hat das BVerfG über die Verfassungswidrigkeit der Norm zu entscheiden, auf der das angefochtene Urteil beruht.

b) Die Beschränkung der verfassungsgerichtlichen Entscheidung auf die den Beschwerdeführer benachteiligende Ausschlußregelung wäre jedoch unzulässig, wenn diese mit der begünstigenden Regelung eine untrennbare Einheit bildet und somit die Gesamtregelung verfassungswidrig ist. Da der Verstoß gegen Art. 3 GG in der Gesamtregelung begründet liegt, erscheint ihre Nichtigkeit nicht ausgeschlossen[21]. Sollte die Gesamtregelung nichtig sein, so müßte das BVerfG sie auch für nichtig erklären. Einer solchen Entscheidung steht die Gestaltungsfreiheit des Gesetzgebers nicht entgegen. Diese wird nämlich, wie das BVerfG selbst anerkannt hat[22], durch die Nichtigerklärung der Gesamtregelung nicht beeinträchtigt. Der Gesetzgeber kann nach einer derartigen Entscheidung die Materie neu ordnen und eine mit Art. 3 GG vereinbare Regelung erlassen. Die Nichtigerklärung der Gesamtregelung würde auch zur sofortigen Gleichbehandlung aller Betroffenen führen; denn die begünstigende Regelung wäre nicht mehr anwendbar. Beschränkt sich das BVerfG dagegen darauf, nur die Verfassungswidrigkeit der Ausschlußregelung festzustellen, so findet die begünstigende Regelung weiterhin Anwendung. Die bisher Ausgeschlossenen kommen aber nicht sofort in den Genuß der Vergünstigung. Entschließt sich der

---

[19] Da das BVerfGG bei der Verfassungsbeschwerde keinen bestimmten Antrag vorschreibt, genügt es, wenn das Begehren des Beschwerdeführers aus dem Zusammenhang seines Vorbringens ersichtlich ist (BVerfGE 7, 111 [114]).
[20] Vgl. *Geiger*, § 23 BVerfGG, Anm. 4; *Leibholz-Rupprecht*, vor § 17, Rdnr. 3.
[21] Vgl. auch *Chr. Böckenförde*, S. 131.
[22] BVerfGE 8, 28 (37).

Gesetzgeber, die Materie neu zu regeln, weil z. B. die finanziellen Mittel nicht ausreichen, um alle zu begünstigen, so erhalten die bisher Ausgeschlossenen u. U. die Vergünstigung überhaupt nicht. Ob in diesem Fall den bisher Begünstigten die bis zur Gesetzesänderung gewährte Vergünstigung rückwirkend entzogen werden kann, ist aber sehr fraglich[23]. Ein solcher Entzug scheidet aus, wenn sie die Mittel verbraucht haben.

Sollte die Gesamtregelung als Einheit nichtig sein, so ist auch mit Rücksicht auf die objektive Funktion der Verfassungsbeschwerde die Nichtigerklärung geboten. Die Verfassungsbeschwerde dient nicht nur dem Schutz subjektiver Rechte, ihr kommt außerdem eine objektive Funktion zu[24]. Soweit sie sich unmittelbar oder mittelbar gegen Normen richtet, bezweckt sie nämlich auch die Kontrolle des Gesetzgebers und damit die Sicherstellung einer verfassungsgemäßen Rechtsordnung. Die objektive Funktion der Verfassungsbeschwerde ergibt sich u. a. daraus, daß das BVerfG bei einer Urteilsverfassungsbeschwerde stets die mittelbar angefochtene Norm für nichtig zu erklären hat, sofern diese verfassungswidrig ist und das Urteil auf ihr beruht (§ 95 Abs. 3 Satz 2 BVerfGG)[25]. Das Gericht kann sich also nicht damit begnügen, nur den verfassungswidrigen Einzelakt aufzuheben, obwohl hiermit vielfach die unmittelbare Rechtsbeeinträchtigung des Bürgers beseitigt wäre. Für die objektive Funktion sprechen weiterhin die Regelung des Annahmeverfahrens in § 93 a Abs. 4 BVerfGG und die Bestimmungen in § 31 BVerfGG über die Bindungswirkung verfassungsgerichtlicher Entscheidungen[26]. Diesen Vorschriften ist zu entnehmen, daß die Entscheidung über eine Verfassungsbeschwerde nicht nur für den jeweiligen Einzelfall, sondern darüber hinaus auch für die Gesamtheit die verfassungsgemäße Rechtslage klarstellen soll. Sollte die Gesamtregelung als Einheit nichtig sein, so wird demnach sowohl der subjektiven als auch der objektiven Funktion der Verfassungsbeschwerde nur die Aufhebung der Gesamtregelung gerecht. Das BVerfG darf sich nur dann in seiner Entscheidung auf die den Beschwerdeführer unmittelbar benachteiligende Teilregelung beschränken, wenn der Verstoß gegen Art. 3 GG nicht die Verfassungswidrigkeit der Gesamtregelung zur Folge hat und deshalb die

---

[23] Siehe hierzu *Dax*, S. 106 ff.; vgl. auch BAG, AP Nr. 102 zu Art. 3 GG, das mit einer ähnlichen Argumentation eine Klage auf Teilhabe an einer gesetzlichen Vergünstigung abgewiesen hat, ohne die Verfassungswidrigkeit der begünstigenden Vorschrift oder des Ausschlusses eingehend zu prüfen.

[24] Vgl. *Lechner*, Grundrechte III/2, S. 658 (669); ders., § 90 BVerfGG, Anm. 3 (S. 302), und § 95 BVerfGG (S. 344); *Rupp-v. Brünneck*, Festschrift, S. 355 (375 f.); *Schmidt-Bleibtreu*, BayVBl 1965, 289; *Schumann*, Verfassungsbeschwerde, S. 116 f.

[25] Vgl. auch *Leibholz-Rupprecht*, § 95, Rdnr. 8.

[26] Nach § 31 Abs. 2 Satz 2 BVerfGG n. F. ist sogar die Verfassungsmäßigkeit einer Norm mit Gesetzeskraft festzustellen.

begünstigende Regelung zumindest vorübergehend aufrechterhalten werden kann[27]. Es kommt also darauf an, wie die Verletzung des allgemeinen Gleichheitssatzes sich auf den Bestand der Gesamtregelung auswirkt[28], ob diese als Einheit ganz oder ob sie nur teilweise verfassungswidrig ist.

2. Zur teilweisen Verfassungswidrigkeit eines Gesetzes bei unvollständiger Ausführung eines Verfassungsauftrages

Bei teilweisem Unterlassen des Gesetzgebers und verfassungswidrigem Begünstigungsausschluß ist mit dem BVerfG und der h. M. davon auszugehen, daß die begünstigende Teilregelung verfassungsrechtlich nicht zu beanstanden ist. Dieses Ergebnis kann jedoch nicht allein damit begründet werden, daß der Bürger — wie die h. M. anzunehmen scheint[29] — einen Anspruch auf Ausdehnung der begünstigenden Regelung habe. Ein solcher Anspruch würde voraussetzen, daß dem Gesetzgeber durch den verletzten Verfassungsauftrag vorgeschrieben wird, die jeweilige Materie im Sinne der bisherigen Teilregelung zu gestalten. Die Verfassungsaufträge des GG sehen in der Regel aber eine derartige Bindung des Gesetzgebers nicht vor. Sie verpflichten den Gesetzgeber zwar zum Erlaß einer gesetzlichen Regelung, schreiben ihm aber die Einzelheiten der Ausgestaltung des zu erlassenden Gesetzes nicht vor, weil sie insoweit nur gewisse Direktiven enthalten[30]. Im Hinblick auf den Anspruch des Bürgers gegen den Gesetzgeber würde es daher vielfach auch genügen, wenn die Gesamtregelung für verfassungswidrig erklärt und damit der Gesetzgeber verpflichtet würde, eine dem Verfassungsauftrag entsprechende neue Regelung zu erlassen.

Die Aufhebung der Gesamtregelung, also auch der begünstigenden Vorschrift, verbietet sich hier jedoch aus objektiven, nicht in der Person des Beschwerdeführers liegenden Gründen. Ausschlaggebend ist, daß die begünstigende Teilregelung dem jeweiligen Verfassungsauftrag des GG genügt. Ihre Aufhebung würde nicht nur im Rechtsleben erhebliche Verwirrung hervorrufen, sondern auch einen Zustand schaffen, welcher dem GG noch weniger entspräche als der bisherige. Die begünstigende Regelung ist daher verfassungsrechtlich nicht zu beanstanden, solange ihre Ergänzung noch möglich ist[31]. Die Ergänzung oder Ersetzung durch eine andere Regelung ist aber nicht ausgeschlossen; der Gesetzgeber ist

---

[27] Ähnlich *H. Brinkmann*, Gesetz, S. 37 ff., für die konkrete Normenkontrolle.
[28] Vgl. *Zacher*, AöR 91, 341 (349), der mit Recht darauf hinweist, daß der Inhalt der verfassungsgerichtlichen Entscheidung bei willkürlichem Ausschluß primär eine materiellrechtliche Frage ist.
[29] Vgl. § 7 I, 1 a FN 1.
[30] Vgl. *Lerche*, AöR 90, 341 (349 f.); *Ritter*, S. 38 ff., 113.
[31] Vgl. auch BVerfGE 6, 257 (264 f.).

aufgrund des Verfassungsauftrages hierzu sogar verpflichtet. Die Gesamtregelung kann demnach in einen verfassungsgemäßen und einen verfassungswidrigen Teil getrennt werden. Das Gesetz ist nur teilweise verfassungswidrig. Das BVerfG hat deshalb lediglich über den verfassungswidrigen Teil, die Ausschlußregelung, zu entscheiden. Maßgebend für diese Beschränkung der verfassungsgerichtlichen Entscheidung sind also in etwa die gleichen Gesichtspunkte, die in Rechtsprechung und Lehre für die Teilnichtigkeit von Gesetzen angeführt werden[32].

3. Zur teilweisen Verfassungswidrigkeit von Gesetzen bei willkürlichem Begünstigungsausschluß

a) Die von einem Teil der Literatur[33] vertretene Ansicht, bei willkürlichem Begünstigungsausschluß sei stets auch die begünstigende Regelung nichtig, vermag nicht zu überzeugen. Dieser Auffassung ist zwar zuzugeben, daß Art. 3 Abs. 1 GG dem Einzelnen keinen Anspruch auf Begünstigung einräumt[34]. Damit ist aber noch nicht gesagt, daß dieses Grundrecht ein Abwehrrecht ist[35], dessen Verletzung immer zur Nichtigkeit der Gesamtregelung führen muß. Art. 3 Abs. 1 GG stellt für den Gesetzgeber nicht nur ein Verbot, sondern auch ein Gebot dar[36]. Es ist daher nicht einzusehen, warum das aus dieser Grundrechtsnorm erwachsende subjektive öffentliche Recht des Einzelnen lediglich ein Abwehrrecht sein soll[37]. Der allgemeine Gleichheitssatz gebietet dem Gesetzgeber, bei steter Orientierung am Gerechtigkeitsgedanken Gleiches gleich und Ungleiches seiner Eigenart entsprechend verschieden zu behandeln[38]. Er sagt aber, wie im neueren Schrifttum mit Recht hervorgehoben wird[39], nichts darüber, wie der Gesetzgeber bei einem willkürlichen Ausschluß die Gleichheit herzustellen hat, ob durch Ausdehnung der begünstigenden Regelung oder durch ihre Abschaffung. Wenn aber Art. 3 Abs. 1 GG als Norm des objektiven Verfassungsrechts dem Ge-

---

[32] Vgl. hierzu etwa BVerfGE 8, 274 (301); *Lechner*, § 78 BVerfGG, Anm. 2; *Leibholz-Rupprecht*, § 78, Rdnr. 6.
[33] Vgl. § 7 I, 2 a, FN 4, 5.
[34] Siehe auch *Rupp*, JuS 1968, 166 (167).
[35] Vgl. *Dax*, S. 24 ff., der die Einstufung des Art. 3 GG als Abwehrrecht ebenfalls ablehnt. Siehe auch *Krohn*, BB 1968, 1072 (1074); nach ihm handelt es sich bei Art. 3 GG nicht nur um ein negatives Statusrecht. Die h. M. im Schrifttum sieht dagegen Art. 3 GG als Abwehrrecht an; vgl. *Leibholz*, Gleichheit, S. 242 f.; *Lenz*, Hamann-Lenz, Art. 3, Anm. A 3; *Schmidt-Bleibtreu*, Maunz-Sigloch, § 90, Rdnr. 56, 107 ff. m. w. N.
[36] So *Ipsen*, Grundrechte III/2, S. 111 (126); *Wittig*, Festschrift, S. 575 (590 f.).
[37] Nach *Rinck*, JbÖffR N. F. 10, 269 (272), gewährt Art. 3 GG dem Einzelnen ein Recht auf Gleichbehandlung mit anderen und auf Unterlassung ungleicher Behandlung. Ähnlich BVerwGE 7, 89 (94).
[38] Vgl. *Leibholz-Rinck*, Art. 3, Anm. 1 m. w. N.
[39] *Dax*, S. 100 ff.; *Rupp*, JuS 1968, 166 (167); *ders.*, Gutachten, S. 8.

setzgeber lediglich die Gleichbehandlung gebietet[40], so kann das entsprechende Grundrecht des Bürgers diesem nur einen schlechthin auf Gleichbehandlung gerichteten Anspruch geben. Der Einzelne hat also, wenn er sich nur auf Art. 3 Abs. 1 GG berufen kann, keinen Anspruch auf eine bestimmte Maßnahme des Gesetzgebers. Er kann lediglich verlangen, daß auch in Ansehung seiner Person ein mit dem GG vereinbarer Rechtszustand geschaffen wird; wobei es dem Gesetzgeber überlassen ist, wie er diesen Zustand herbeiführt. Das dem Einzelnen aus Art. 3 Abs. 1 GG erwachsende subjektive öffentliche Recht spricht demnach weder für noch gegen die Nichtigkeit der Gesamtregelung.

Für die Entscheidung der Frage, ob bei willkürlichem Begünstigungsausschluß die begünstigende Vorschrift als Teil der Gesamtregelung verfassungswidrig ist, muß ebenso wie beim teilweisen Unterlassen des Gesetzgebers auf objektive Gesichtspunkte abgestellt werden. Dabei ist davon auszugehen, daß der Gesetzgeber in der Regel zwei oder mehr Möglichkeiten hat, einen verfassungsgemäßen Rechtszustand herbeizuführen. Da dem Gesetzgeber nach dem GG der Vorrang hinsichtlich der Gestaltung unserer Rechtsordnung zukommt, muß es ihm überlassen bleiben, für welche Regelung er sich entscheidet. Es darf weiterhin nicht übersehen werden, daß vielfach die begünstigende Regelung und bisweilen — vor allem im Steuerrecht[41] — auch die den Beschwerdeführer belastende Regelung einem vernünftigen, vom GG gedeckten Zweck dienen. Sie sind deshalb zumindest vorübergehend aufrechtzuerhalten, damit die Rechtsordnung nicht zu sehr erschüttert wird. Die Nichtigkeit der Gesamtregelung würde nämlich häufig zu einem Rechtszustand führen, der dem GG noch weniger entsprechen dürfte als der bestehende[42]. Es ist daher wie beim teilweisen Unterlassen des Gesetzgebers davon auszugehen, daß die gegen Art. 3 GG verstoßende Gesamtregelung nur teilweise verfassungswidrig ist, solange der Gesetzgeber die Gleichheit noch durch Ausdehnung der Vergünstigung oder durch eine andere Regelung herstellen und so seine Ordnungsvorstellungen in einer dem GG genügenden Form verwirklichen kann.

b) Eine Beschränkung der verfassungsgerichtlichen Entscheidung auf die den Beschwerdeführer benachteiligende Teilregelung ist demnach zulässig und geboten, wenn diese von der begünstigenden Vorschrift getrennt werden kann, ohne daß das Gesetz seinen Sinn verliert, und ein verfassungsgemäßer Zustand auch ohne die Nichtigerklärung der Gesamtregelung herzustellen ist. Sind diese Voraussetzungen erfüllt, ist nicht die Gesamtregelung insgesamt als verfassungswidrig anzusehen, sondern nur eine der Teilregelungen. So ist etwa allein die Ausschluß-

---
[40] So *Dax*, S. 99 ff.
[41] Vgl. unten b, FN 45, 47.
[42] Vgl. *H. Brinkmann*, Gesetz, S. 41.

regelung, nicht aber die begünstigende Vorschrift verfassungsrechtlich zu beanstanden, wenn letztere einer der Wertentscheidungen des Grundrechtsteils[43] Rechnung trägt oder z. B. durch das Sozialstaatsprinzip gedeckt ist. In diesen Fällen würde die Aufhebung der begünstigenden Vorschrift dem GG nicht entsprechen und die Rechtsordnung unnötig erschüttern. Als Beispiel seien hier die Entscheidungen des BVerfG über die Verfassungswidrigkeit der „Heiratsklauseln" im Rentenrecht, BVG und BKGG genannt[44]. Die Regelung, daß Waisen, die über 18 Jahre alt sind und noch in der Ausbildung stehen, weiterhin Waisenrente erhalten bzw. daß für solche Kinder das Kindergeld weitergewährt wird, dient einem vernünftigen, vom Sozialstaatsprinzip gedeckten Zweck. Der Umstand, daß der Gesetzgeber unter Verstoß gegen Art. 3 Abs. 1 GG für Verheiratete diese Leistungen ganz ausgeschlossen hatte, rechtfertigte nicht die Nichtigerklärung der begünstigenden Vorschriften. Eine solche Entscheidung hätte sozialpolitisch sinnvolle Regelungen beseitigt und die Stellung der bisher Begünstigten zumindest vorübergehend, nämlich bis zum Erlaß neuer Regelungen, unangemessen beeinträchtigt. Die begünstigenden Vorschriften waren daher nicht zu beanstanden, obwohl sie Teil einer mit Art. 3 GG unvereinbaren Gesamtregelung waren. Das BVerfG mußte allein über die Ausschlußregelung entscheiden.

Die Nichtigerklärung der Gesamtregelung kommt weiterhin nicht in Betracht, wenn dadurch die Funktionsfähigkeit des Staates gefährdet oder erheblich beeinträchtigt würde. Die Erhaltung eines funktionstüchtigen Staatswesens ist ein dem GG immanenter Zweck[45]. Dieser Gesichtspunkt ist z. B. bei der verfassungsrechtlichen Beurteilung von Steuergesetzen zu beachten, die durch willkürliche Einräumung von Vergünstigungen zu einer ungleichen Belastung der Steuerpflichtigen führen. Wollte man hier die gesamte Regelung für nichtig erklären, so könnten dem Staat u. U. die Mittel entzogen werden, die er zur Erfüllung seiner Aufgaben benötigt. Das Gebot, die Funktionsfähigkeit des Staates zu erhalten, kann sogar dazu führen, daß die den Beschwerdeführer benachteiligende Regelung weder für nichtig noch für mit dem GG unvereinbar erklärt werden kann, und zwar dann, wenn diese Regelung der Natur der geregelten Materie angemessen ist und die begünstigende Regelung eine unsachgemäße Ausnahme darstellt. So mußte das BVerfG die Verfassungsbeschwerde eines Wertpapierbesitzers, der sich gegen die ungleiche Bewertung von Wertpapierbesitz und Grund-

---

[43] z. B. Art. 6 Abs. 1 GG, soweit er dem Staat gebietet, Ehe und Familie durch geeignete Maßnahmen zu fördern; vgl. hierzu *Leibholz-Rinck*, Art. 6, Anm. 4.
[44] BVerfGE 28, 324; 29, 57 und 71; siehe auch § 7 II, 1 a FN 17.
[45] Vgl. *Wittig*, Der Staat 1969, 137 (147, 149); ähnlich auch *Rupp-v. Brünneck*, Festschrift, S. 355 (372 ff.).

§ 7 Teilweise Verfassungswidrigkeit eines Gesetzes 69

besitz wandte, zurückweisen[46]. Denn die Bewertung des Wertpapierbesitzes nach dem zeitnahen, gemeinen Wert entsprach der Natur der Sache[47], während die Regelung über die Bewertung von Grundbesitz eine Systemdurchbrechung darstellte. Die Nichtigerklärung der Gesamtregelung kam nicht in Betracht, weil damit die Grundlage für die Vermögensbesteuerung sowie für eine Reihe anderer Steuern entfallen wäre und der Staat einen erheblichen Steuerverlust erlitten hätte.

Die Gesamtregelung ist jedoch für nichtig zu erklären, wenn allein dadurch der verfassungsgemäße Zustand herbeigeführt werden kann. So hatte das BVerfG z. B. die Regelung des § 1628 und des § 1629 Abs. 1 BGB i. d. F. des Gleichberechtigungsgesetzes vom 18. Juni 1957 (BGBl I S. 609) über den Stichentscheid des Vaters und die Alleinvertretung ehelicher Kinder durch den Vater für nichtig zu erklären[48]. Diese Vorschriften schlossen die Mutter insoweit aus und verletzten damit Art. 6 Abs. 1 und 2 sowie Art. 3 Abs. 2 und 3 GG. Denn nach Art. 6 Abs. 2 GG ist die Erziehung der Kinder das natürliche Recht der Eltern und die ihnen zuvörderst obliegende Pflicht; aus Art. 6 Abs. 1 i. V. m. Art. 3 Abs. 2 GG folgt, daß Mann und Frau in Ehe und Familie gleichberechtigt sind. Diesen Wertentscheidungen des GG wird nur eine Regelung gerecht, nach der Vater und Mutter hinsichtlich der Erziehung und der Vertretung der ehelichen Kinder gleichberechtigt sind. Diese Gleichberechtigung läßt sich z. B. in Ansehung der Vertretung der Kinder nur durch die gemeinsame Vertretung von Vater und Mutter verwirklichen. Eine andere, mit dem GG vereinbare Möglichkeit der Regelung bestand für den Gesetzgeber nicht. Die Benachteiligung der Mutter konnte demnach nur durch die Nichtigerklärung der Vorschriften beseitigt werden.

Als Ergebnis ist somit festzuhalten, daß bei einem willkürlichen Ausschluß die Gesamtregelung nicht nichtig ist, sofern der Ausschluß von der begünstigenden Teilregelung getrennt werden und der Gesetzgeber durch entsprechende Änderung einer der Teilregelungen die Gleichheit herstellen kann. In diesem Fall hat das BVerfG bei einer Urteilsverfassungsbeschwerde nur über die den angefochtenen Urteilen zugrunde liegende, den Beschwerdeführer benachteiligende gesetzliche Regelung zu entscheiden.

---
[46] BVerfGE 23, 242.
[47] BVerfGE 23, 242 (256).
[48] BVerfGE 10, 59.

§ 8 Entscheidung bei verfassungswidrigem und ausdrücklichem willkürlichen Begünstigungsausschluß

I. Entscheidungsmöglichkeiten

Da das BVerfG die Gesamtregelung nur ausnahmsweise für nichtig zu erklären hat, bleiben für den Entscheidungsausspruch bei verfassungswidrigem Begünstigungsausschluß und ausdrücklichem willkürlichen Ausschluß nur zwei Möglichkeiten: Das Gericht muß entweder die den Beschwerdeführer benachteiligende Ausschlußregelung für nichtig erklären oder aber feststellen, daß diese Regelung mit dem GG unvereinbar ist. Beide Entscheidungsmöglichkeiten sieht das BVerfGG i. d. F. v. 1970 vor[1].

Andere Möglichkeiten der Entscheidung bestehen nicht. *Seufert*[2] meint zwar, das BVerfG könne unter bestimmten Voraussetzungen anstelle des Feststellungsurteils in entsprechender Anwendung des § 113 Abs. 4 VwGO ein Verpflichtungs- oder Vornahmeurteil erlassen. Diese Auffassung ist aber abzulehnen; denn für eine solche Rechtsfortbildung ist nach dem BVerfGG kein Raum. Der Gesetzgeber hat im BVerfGG nicht alle Einzelheiten des verfassungsgerichtlichen Verfahrens geregelt, sondern dem BVerfG in gewissem Umfang die Ausgestaltung des Verfahrens überlassen[3]. Dies gilt jedoch nicht für den Entscheidungsausspruch in den Verfahren, in welchen die Verfassungsmäßigkeit gesetzgeberischer Maßnahmen geprüft wird. Die §§ 78, 95 Abs. 1 und 3, 31 Abs. 2 BVerfGG führen die beiden Entscheidungsmöglichkeiten auf und legen damit die Befugnisse fest, die dem BVerfG gegenüber dem Gesetzgeber zukommen. Obwohl dem Gesetzgeber die Problematik des gesetzgeberischen Unterlassens und die Vorschrift des § 113 Abs. 4 VwGO bekannt waren, hat er auch bei der jüngsten Änderung des BVerfGG eine dem § 113 Abs. 4 VwGO ähnliche Regelung nicht in das Gesetz eingefügt. Da nach Art. 94 Abs. 2 GG das verfassungsgerichtliche Verfahren durch Bundesgesetz zu regeln ist, muß der Gesetzgeber zumindest die wichtigen Regelungen selbst treffen. Zu den wichtigen Vorschriften gehören aber die Bestimmungen der §§ 78, 95 Abs. 1 und 3, 32 Abs. 2 BVerfGG über den Inhalt der Entscheidung bei der Kontrolle des Gesetzgebers, da sie das Verhältnis des BVerfG zum Gesetzgeber und damit den Grundsatz der Gewaltenteilung betreffen. Es ist deshalb davon auszugehen, daß der Inhalt der Entscheidung im BVerfGG abschließend geregelt ist. Diese Auslegung wird durch die Gesetzesmaterialien bestätigt. Der Abgeordnete Dr. *Wahl* führte als Mitberichterstatter des Rechtsausschusses vor dem Bundestag aus[4], daß man sich darauf be-

---

[1] Vgl. §§ 78, 95 Abs. 3 BVerfGG einerseits und § 31 Abs. 2 BVerfGG andererseits; siehe auch § 2 I, 2.
[2] *Seufert*, S. 281 ff.
[3] Vgl. BVerfGE 2, 79 (84); *Lechner*, vor § 17 BVerfGG, Anm. A (S. 132 f.).

§ 8 Entscheidung bei ausdrücklichem gesetzlichen Ausschluß

schränkt habe, die Hauptgrundsätze für das Verfahren festzulegen, um einerseits die gem. Art. 94 Abs. 2 GG unbedingt erforderlichen und politisch bedeutsamen Entscheidungen über das zu befolgende Verfahren zu treffen, und andererseits der Verfahrensregelung durch das Gericht keine zu engen Grenzen zu setzen. Zu den notwendigen und politisch bedeutsamen Entscheidungen gehört nach dem bisher Gesagten aber auch die Regelung des Entscheidungsausspruchs bei der Kontrolle des Gesetzgebers. Dem BVerfG ist es demnach nicht gestattet, gegenüber dem Gesetzgeber ein Verpflichtungs- oder Vornahmeurteil zu erlassen[5]. Ihm bleibt nur die Möglichkeit, entweder die Ausschlußregelung für nichtig zu erklären oder aber festzustellen, daß die Vorschrift mit dem GG unvereinbar ist.

II. Probleme der Nichtigerklärung eines Ausschlusses

1. Wirkung der Kassation einer Ausschlußregelung

a) Das BVerfG hält die Nichtigerklärung eines ausdrücklichen Ausschlusses für zulässig, wenn dadurch nicht in die Gestaltungsfreiheit des Gesetzgebers eingegriffen wird[6]. Die Nichtigerklärung der Ausschlußregelung ist letztlich eine Teilnichtigerklärung des Gesetzes. Jedoch kann sie der in der Rechtsprechung des BVerfG[7] und der Literatur[8] anerkannten Teilnichtigerklärung von Gesetzen nicht ganz gleichgestellt werden. Letztere beruht nämlich auf dem Gedanken, daß der Gesetzgeber, der das ganze Gesetz gewollt hat, wahrscheinlich lieber einen Teil erhalten wissen will als nichts[9]; diese Teilnichtigerklärung schränkt also den bisherigen Regelungsbereich des Gesetzes ein. Die Kassation eines ausdrücklichen Ausschlusses, der in einem Satz, Satzteil oder gar einem Wort zum Ausdruck kommen kann, hat dagegen zur Folge, daß die begünstigende Regelung auf einen Personenkreis ausgedehnt wird, den der Gesetzgeber gerade nicht begünstigen wollte[10]. Das BVerfG[11] und die wohl h. M. in der Literatur[12] gehen nämlich mit Recht davon aus, daß nach der Beseitigung des Ausschlusses die begünstigende Regelung auch für die bisher Benachteiligten gilt, weil diese nunmehr vom Wort-

---

[4] Vhdlg. des Dt. BT, 1. WP, 112. Sitzung, S. 4224.
[5] So auch *Dax*, S. 139 f., jedoch ohne nähere Begründung.
[6] Siehe § 6 I, 1 c und 2 c.
[7] Vgl. die Nachweise bei *Leibholz-Rupprecht*, § 78, Rdnr. 6.
[8] Vgl. *Müller*, DVBl 1964, 104 ff.; *Haak*, S. 295 ff. (302); *Eckardt*, S. 62 f. m. w.N.
[9] Siehe *Eckardt*, S. 62 f.
[10] Vgl. etwa BVerfGE 29, 1; hier hat der 2. Senat die Ausschlußregelung des § 18 Abs. 6 LBesG NRW für nichtig erklärt, so daß nunmehr den Beamten auch für verheiratete Kinder Kinderzuschlag gewährt werden muß.
[11] Vgl. z. B. BVerfGE 8, 28 (37); 21, 329 (354).
[12] *Chr. Böckenförde*, S. 135; *Burmeister*, S. 122; *R. Schneider*, AöR 89, 24 (45); *Seiwerth*, S. 72; *Seufert*, S. 325 f.

laut der begünstigenden Vorschrift erfaßt werden. Dieser Auffassung ist neuerdings *Brinkmann*[13] entgegengetreten. Er meint, daß nach Kassation des Ausschlusses die begünstigende Regelung weiterhin nur die bisher schon begünstigten Personen erfasse, weil der Gesetzgeber allein diesen den Vorteil habe gewähren wollen. Die Nichtigerklärung des Ausschlusses schaffe lediglich eine Lücke im Gesetz, die von den Gerichten durch analoge Anwendung der begünstigenden Vorschrift zu schließen sei. Dieser Auffassung kann nicht gefolgt werden. *Brinkmann* geht hier von einer streng subjektiven Auslegung aus und läßt außer acht, daß bei der Gesetzesauslegung auch noch andere Kriterien zu berücksichtigen sind und der subjektiven Auslegung keineswegs der Vorrang zukommt[14]. Seine Ansicht ist zudem mit dem Grundsatz der verfassungskonformen Auslegung unvereinbar; wird der ausdrückliche Ausschluß für nichtig erklärt, so kann und darf die begünstigende Regelung unter Beachtung des GG nur so ausgelegt werden, daß sie alle Personengruppen erfaßt, die unter den Wortlaut des Gesetzes subsumiert werden können.

b) Dehnt die Nichtigerklärung des ausdrücklichen Ausschlusses demnach den Geltungsbereich der begünstigenden Vorschrift aus, so greift das BVerfG mit einer derartigen Entscheidung der Gestaltung durch den Gesetzgeber vor[15]; es wird letztlich eine neue Rechtsnorm geschaffen[16]. Hierdurch unterscheidet sich diese positiv gestaltende Entscheidung von der Nichtigerklärung einer ganzen Rechtsnorm; denn im letzteren Fall greift das BVerfG lediglich negativ gestaltend in die Rechtsordnung ein, während die Neugestaltung Sache des Gesetzgebers bleibt.

Das BVerfG würde mit seiner Entscheidung der Gestaltung durch den Gesetzgeber nur dann nicht vorgreifen, wenn der gegen das GG verstoßende Ausschluß von Anfang an nichtig wäre und das Gericht diese Nichtigkeit lediglich feststellen würde. In diesem Fall wäre nämlich der auf den Ausschluß bestimmter Personengruppen gerichtete Wille des Gesetzgebers wegen Verstoßes gegen die Verfassung von vornherein unbeachtlich, das BVerfG würde nur die aufgrund des GG bestehende Rechtslage klarstellen. Nach der wohl h. M. im Schrifttum[17] ist ein gegen das GG verstoßendes Gesetz von Anfang an nichtig, so daß der Nichtigerklärung durch das BVerfG nur deklaratorischer Charakter zukommt. Von dieser Vorstellung ist auch wohl — wofür die

---

[13] *H. Brinkmann*, Gesetz, S. 121 f.
[14] Vgl. *Leibholz-Rinck*, Einführung, Anm. 1 m. w. N. aus der Rechtsprechung des BVerfG; siehe auch *Coing*, S. 316 ff., 323 f.; *Larenz*, Methodenlehre, S. 291 ff., 320 ff.
[15] So auch *R. Schneider*, AöR 89, 24 (46).
[16] a. M. *H. Brinkmann*, a.a.O. (vgl. FN 13).
[17] Vgl. *H. Brinkmann*, Gesetz, S. 18 ff.; *Stern*, Bonner Kommentar, Art. 100, Rdnr. 141 m. w. N.; *Weißauer-Hesselberger*, DÖV 1970, 325 ff.

§ 8 Entscheidung bei ausdrücklichem gesetzlichen Ausschluß 73

Regelung des § 79 BVerfGG a. F. spricht — der Gesetzgeber des BVerfGG a. F. ausgegangen. Ob jedoch die Verletzung des Art. 3 Abs. 1 GG stets zur Folge hat, daß die Ausschlußregelung ipso iure nichtig ist, erscheint unter Berücksichtigung des BVerfGG n. F. fraglich. Der Gesetzgeber hat nämlich aufgrund der bisherigen Rechtsprechung des BVerfG in § 31 Abs. 2 BVerfGG anerkannt, daß das Gericht die Unvereinbarkeit einer Norm mit dem GG feststellen kann, ohne die Vorschrift für nichtig erklären zu müssen. Außerdem wurde der § 78 BVerfGG geändert; während nach dem früheren Wortlaut dieser Bestimmung das Gericht die Nichtigkeit einer verfassungswidrigen Norm festzustellen hatte, muß es jetzt die Norm für nichtig erklären. Diese Änderungen könnten dafür sprechen, daß der Gesetzgeber eine Verfassungswidrigkeit von Gesetzen anerkennen wollte, die nicht die ipso-iure-Nichtigkeit der gesetzlichen Regelung zur Folge hat[18]. Diese Verfassungswidrigkeit berechtigt das BVerfG in der Regel zwar nicht, die Ausschlußregelung zu kassieren und damit den Geltungsbereich der begünstigenden Vorschrift auszudehnen. Ein den Bürger benachteiligender Hoheitsakt, der auf der mit dem GG unvereinbaren Regelung beruht, ist aber aufzuheben, wenn er mit der Verfassungsbeschwerde angefochten wird. Hat das BVerfG die Unvereinbarkeit mit dem GG festgestellt, so dürfen die zuständigen Stellen die Regelung in schwebenden Verfahren nicht mehr anwenden; sie können aber auch nicht aufgrund der begünstigenden Vorschrift entscheiden[19]. Es tritt also ein Rechtsstillstand ein, bis daß der Gesetzgeber eine verfassungsgemäße Regelung erlassen hat.

Aus der Änderung des BVerfGG kann jedoch allein nicht entnommen werden, daß der Gesetzgeber den Grundsatz der ipso-iure-Nichtigkeit aufgeben wollte. In den Beratungen ist wiederholt darauf hingewiesen worden[20], daß mit der Gesetzesänderung diese Frage nicht geregelt werden sollte. Mit der Änderung des § 31 Abs. 2 BVerfGG wollte der Gesetzgeber lediglich der bisherigen Rechtsprechung des BVerfG Rechnung tragen und auch der Entscheidung Gesetzeskraft verleihen, in der allein die Unvereinbarkeit einer Norm mit dem GG festgestellt wird. Die Neufassung des § 78 sollte diese Vorschrift dem Wortlaut des § 95 Abs. 3 BVerfGG anpassen.

Die vom Gesetzgeber offen gelassene Frage, ob ein verfassungswidriges Gesetz stets von Anfang an nichtig ist mit der Folge, daß die Nichtig-

---
[18] Vgl. auch *Rupp*, Gutachten, S. 8.
[19] Vgl. *Leibholz-Rupprecht*, Nachtrag, § 31, Rdnr. 3; *Schmidt-Bleibtreu*, BB 1970, 1172.
[20] Vgl. die Ausführungen des Abgeordneten Dr. *Arndt* im Rechtsausschuß (Stenographisches Protokoll der 23. Sitzung des Rechtsausschusses vom 5. November 1970, S. 45, zu § 78) und vor dem Bundestag (Vhdlg. des Dt. BT, 6. WP, 81. Sitzung, S. 4597); Min.Dir. *Bahlmann*, Stenographisches Protokoll der 23. Sitzung des Rechtsausschusses, S. 43, zu § 31, und S. 45, zu § 78. Siehe auch *Arndt*, DRiZ 1971, 37 (38 f.); *Leibholz-Rupprecht*, Nachtrag, § 78, Rdnr. 1.

erklärung des BVerfG nur deklaratorischen Charakter hat, kann hier nicht abschließend geklärt werden. Soweit es sich um Normen handelt, die gegen Grundrechte verstoßen, dürfte jedoch — wie auch die Rechtsprechung des BVerfG zeigt — eine differenziertere Lösung des Problems geboten sein, bei der folgendes zu bedenken ist. Geht man vom Stufenbau der Rechtsordnung aus[21], so kann einer Rechtsnorm, die gegen höherrangiges Recht verstößt, von Anfang an keine rechtliche Verpflichtungskraft zukommen[22]. Diesem Grundsatz wird in gewissem Umfang aber auch schon eine Entscheidung gerecht, die lediglich die Unvereinbarkeit der Norm mit dem GG gesetzeskräftig feststellt. Eine derartige Entscheidung untersagt der Verwaltung und den Gerichten, die mit dem GG unvereinbare Regelung weiterhin anzuwenden; sie stellt also klar, daß sowohl in den noch schwebenden als auch in den künftigen Verfahren die mit dem GG unvereinbare Regelung nicht mehr Grundlage für einen den Bürger belastenden Hoheitsakt sein kann.

Eine vom BVerfG nur festzustellende ex-tunc-Nichtigkeit der verfassungswidrigen Regelung läßt sich mit Rücksicht auf den materiellen Gehalt der verletzten Grundrechtsnorm dort vertreten, wo die Rechtsnorm in ein Grundrecht des negativen Status eingreift. Diese Grundrechtsnormen verbieten dem Gesetzgeber eine unzulässige Beschränkung der jeweilig geschützten Freiheit, so daß der auf die Begrenzung der Freiheit gerichtete gesetzgeberische Wille von vornherein wegen Verstoßes gegen das GG unbeachtlich ist. Die Nichtigerklärung der Regelung beseitigt den unzulässigen Eingriff in den grundrechtlich geschützten Freiheitsbereich des Bürgers, ohne daß in die Gestaltungsfreiheit des Gesetzgebers eingegriffen wird.

Anders ist die Situation jedoch bei einem gegen Art. 3 Abs. 1 GG verstoßenden ausdrücklichen Ausschluß von einer begünstigenden Regelung. Der Gleichheitssatz verpflichtet den Gesetzgeber zur Gleichbehandlung. Der Gesetzgeber ist in der Regel aber nicht gehalten, die begünstigende Vorschrift auf die bisher Ausgeschlossenen auszudehnen; er kann die Gleichheit auch auf andere Weise herstellen, u. U. sogar dadurch, daß er die Vergünstigung ganz abschafft. Stellt sich z. B. heraus, daß die finanziellen Mittel nicht ausreichen, um alle zu begünstigen, so muß der Gesetzgeber entweder die Vergabe der Leistungen anders regeln oder die Vergünstigung ganz beseitigen. Eine Ausdehnung der begünstigenden Regelung auf die bisher Ausgeschlossenen kommt in diesem Fall nicht in Betracht. Die Ausgeschlossenen können nicht einmal verlangen, daß sie wenigstens für die Vergangenheit den bisher Begünstigten

---

[21] Eine solche Rangordnung der Normen erkennt auch das GG an; vgl. etwa Art. 31 GG. Siehe hierzu *Frowein*, Gutachten, S. 2 ff.
[22] Vgl. *Stern*, Bonner Kommentar, Art. 100, Rdnr. 141 m. w. N.

§ 8 Entscheidung bei ausdrücklichem gesetzlichen Ausschluß

gleichgestellt werden[23]. Da bei einem gegen Art. 3 GG verstoßenden Begünstigungsausschluß in der Regel mehrere Möglichkeiten der gesetzlichen Neugestaltung bestehen, muß in diesen Fällen eine vom BVerfG lediglich festzustellende ipso-iure-Nichtigkeit der Ausschlußregelng ausscheiden. Sie ist mit dem Gestaltungsvorrang und der Gestaltungsfreiheit des Gesetzgebers nicht zu vereinbaren. Zwar wäre der Gesetzgeber auch bei einer vom BVerfG festgestellten ipso-iure-Nichtigkeit des ausdrücklichen Ausschlusses nicht gehindert, die Gewährung der Vergünstigung für die Zukunft anders zu regeln oder die Vergünstigung ganz abzuschaffen; insoweit bliebe seine Freiheit unangetastet. In die gesetzgeberische Gestaltungsfreiheit würde aber insofern eingegriffen, als aufgrund der Feststellung der ex-tunc-Nichtigkeit der Ausschlußregelung zunächst einmal allen die Vergünstigung zu gewähren wäre, und zwar bis zur Aufhebung der begünstigenden Vorschrift durch den Gesetzgeber. Eine rückwirkende Entziehung der Vergünstigung durch Gesetz dürfte, wenn sie überhaupt zulässig ist, später nur schwer zu verwirklichen sein. Die Nichtigerklärung des Ausschlusses würde den Gesetzgeber also vor vollendete Tatsachen stellen und ihm die Durchsetzung seiner Ordnungsvorstellungen erheblich erschweren. Anders wäre es nur dann, wenn die begünstigende Regelung auf alle Ausgeschlossenen ausgedehnt werden müßte. Eine derartige Verpflichtung des Gesetzgebers wird vom BVerfG aber in der Regel verneint.

Die Nichtigerklärung des ausdrücklichen Ausschlusses von einer begünstigenden Regelung kann somit nicht auf den Grundsatz der ipso-iure-Nichtigkeit verfassungswidriger Normen gestützt werden. Erklärt das Gericht einen Ausschluß für nichtig, so greift es der Gestaltung durch den Gesetzgeber vor, indem es den Geltungsbereich der begünstigenden Vorschrift ausdehnt; es schafft mit seiner Entscheidung eine neue Rechtsnorm.

2. Gefahren der Kassation einer Ausschlußregelung

Es fragt sich, ob das BVerfG befugt ist, durch Kassation des Ausschlusses den Geltungsbereich der begünstigenden Regelung auszudehnen und somit positiv gestaltend tätig zu werden. *Dax*[24] verneint eine solche Befugnis, weil das BVerfGG „die Zuständigkeit des Gerichts auf kassatorische Funktionen und die Feststellung von Verletzungen des Grundgesetzes" begrenzt habe. *Chr. Böckenförde*[25] hält dagegen ein solches Vorgehen des BVerfG mit folgender Begründung für zulässig: Es sei Aufgabe des Gerichts, die verletzte Verfassung alsbald wieder

---

[23] Ähnlich *Dax*, S. 111.
[24] *Dax*, S. 138 f.
[25] *Chr. Böckenförde*, S. 132 ff. (135).

zur Geltung zu bringen[26]. Halte das Gericht eine bestimmte Regelung verfassungsrechtlich für geboten, so könne es ohne Verstoß gegen den Grundsatz der Gewaltenteilung den Ausschluß für nichtig erklären; denn eine Gestaltungsfreiheit des Gesetzgebers bestehe in diesem Fall nicht.

Die Ansicht von *Böckenförde* hat zwar den Vorzug, daß durch die verfassungsgerichtliche Entscheidung alsbald ein verfassungsgemäßer Rechtszustand geschaffen wird. Sie birgt jedoch eine Gefahr, auf die im Schrifttum[27] bisher im Zusammenhang mit der verfassungskonformen Auslegung hingewiesen worden ist: Darf das BVerfG, falls es dies verfassungsrechtlich für geboten hält, durch Kassation des ausdrücklichen Ausschlusses über den Inhalt des Gesetzes verfügen, so ist nicht auszuschließen, daß es sich mit seiner Entscheidung u. U. unzulässigerweise an die Stelle des Gesetzgebers setzt und den Willen des Gesetzgebers verfälscht[28]. Das BVerfG hat dank seiner Zurückhaltung bei der Kontrolle von Gesetzen derartige Eingriffe in den Gestaltungsvorrang und die Gestaltungsfreiheit des Gesetzgebers bisher weitgehend vermieden. Daß ein Eingriff aber nicht ausgeschlossen ist, zeigt u. a. die schon zitierte Entscheidung zu § 65 Abs. 2 AVAVG[29], auf die hier näher eingegangen werden soll.

Nach § 56 Abs. 1 Nr. 1 und 2 AVAVG i. d. F. v. 3. April 1957 (BGBl I S. 321) unterlagen alle kranken- oder angestelltenversicherungspflichtigen Arbeitnehmer der Versicherungspflicht in der Arbeitslosenversicherung. Nicht versicherungspflichtig waren gem. § 65 Abs. 2 AVAVG jedoch solche Arbeitnehmer, die bei ihren Eltern, Voreltern, Schwieger-, Stief- oder Pflegeeltern beschäftigt waren; ihnen stand deshalb im Fall der Arbeitslosigkeit kein Anspruch auf Arbeitslosengeld zu[30]. § 65 Abs. 2 AVAVG stellte somit eine ausdrückliche Ausschlußregelung dar. Dieser generelle Ausschluß verstieß nach der Ansicht des BVerfG gegen Art. 3 Abs. 1 GG. Das Gericht meinte, den bei ihren Eltern usw. beschäftigten Arbeitnehmern müsse zumindest die Möglichkeit der freiwilligen Versicherung eingeräumt werden; denn sie seien in der Regel nicht weniger schutzbedürftig als andere Arbeitehmer. Das BVerfG entschied daher, § 65 Abs. 2 AVAVG sei „mit Art. 3 Abs. 1 des Grundgesetzes insoweit nicht vereinbar und nichtig, als er die dort bezeichnete Arbeitnehmergruppe von der Teilhabe an der Arbeitslosenversicherung schlechthin" ausschließe. Mit dieser Entscheidung hat das BVerfG, wie von einem

---

[26] *Chr. Böckenförde*, S. 127.
[27] Vgl. *Hesse*, S. 33; *Burmeister*, S. 121 ff.
[28] Siehe *Spanner*, AöR 91, 503 (530 f.).
[29] BVerfGE 18, 366 (379 f.); vgl. auch § 6 I, 2 d.
[30] Vgl. zu den Anspruchsvoraussetzungen §§ 74, 85 AVAVG.

§ 8 Entscheidung bei ausdrücklichem gesetzlichen Ausschluß 77

Teil der Literatur[31] und einem Teil der Sozialgerichte[32] mit Recht angenommen wurde, die generelle Ausschlußregelung des § 65 Abs. 2 AVAVG nur teilweise für nichtig erklärt, weil es den bisher Ausgeschlossenen die Möglichkeit einer freiwilligen Versicherung eröffnen wollte. Die Teilnichtigerklärung des Ausschlusses verstieß jedoch gegen den Willen des Gesetzgebers und die Konzeption des AVAVG. Die Arbeitslosenversicherung war von Anfang an eine Pflichtversicherung, die —abgesehen von der 1942 aufgehobenen Weiterversicherung für bestimmte Angestellte — niemals eine freiwillige Versicherung gekannt hatte. Der Gesetzgeber hatte diese Art der Versicherung nicht vorgesehen, weil der Eintritt der Arbeitslosigkeit stark von subjektiven Momenten abhängt und eine freiwillige Versicherung daher leicht zu einem Anstieg der ungünstigen Risiken hätte führen können sowie die Gefahr einer unkontrollierbaren, mißbräuchlichen Inanspruchnahme von Versicherungsleistungen erhöht hätte[33]. Da Regelungen über die freiwillige Versicherung fehlten, hätte die Entscheidung des BVerfG in der Praxis leicht zu größeren Schwierigkeiten führen können. Diese traten nur deshalb nicht auf, weil die Bundesanstalt für Arbeitsvermittlung und Arbeitslosenversicherung durch Verwaltungserlaß vom 12. April 1965[34] die uneingeschränkte Versicherungspflicht für die bisher Ausgeschlossenen anordnete. Die Bundesanstalt und ihr folgend das BSG[35] vertraten nämlich die Auffassung, § 65 Abs. 2 AVAVG sei aufgrund der verfassungsgerichtlichen Entscheidung als gänzlich nichtig anzusehen, weil die Arbeitslosenversicherung eine freiwillige Versicherung nicht kenne. Der Verwaltungserlaß trug der Konzeption des AVAVG Rechnung; er nahm zugleich die spätere, vom BVerfG auch für zulässig erachtete Regelung des Gesetzgebers vorweg[36]. Es sollte aber nicht übersehen werden, daß die Bundesanstalt mit dem Erlaß weitergegangen ist, als es ihr aufgrund der Entscheidung des BVerfG erlaubt war. Das Vorgehen der Bundesanstalt hatte denn auch eine Reihe von Prozessen zur Folge, in denen über die Versicherungspflicht bisher versicherungsfreier Arbeitnehmer gestritten wurde. Da ein Teil der Sozialgerichte sich der Auffassung der Bundesanstalt nicht anschloß, herrschte vorübergehend Rechtsunsicherheit, deren Ursache letzlich die Entscheidung des BVerfG war. Die Unsicherheit wäre vermieden worden, wenn das

---

[31] *Neumann-Duesberg*, SGb 1966, 481 ff.; ders., Anm. in SGb 1967, 205 ff.; Odendahl, SGb 1966, Beilage „Der Sozialrichter", Folge 1, S. 2; vgl. neuerdings auch *H. Brinkmann*, Gesetz, S. 103, FN 4.
[32] Siehe die Nachweise bei *Neumann-Duesberg*, SGb 1966, 481 (484).
[33] Vgl. BSGE 25, 150 (152).
[34] Siehe *Berndt-Draeger-Brüggemann*, Bd. I, § 65 II, S. 1 ff.
[35] BSGE 25, 150; vgl. auch *Leder*, SGb 1967, 193 ff. und BABl 1967, 173 ff.
[36] Durch das 7. Änderungsgesetz zum AVAVG vom 10. März 1967 (BGBl I S. 266) wurde § 65 ganz aufgehoben, damit wurden die bisher Ausgeschlossenen nach § 56 AVAVG versicherungspflichtig.

BVerfG lediglich die Unvereinbarkeit von § 65 Abs. 2 AVAVG mit Art. 3 Abs. 1 GG festgestellt und es somit dem Gesetzgeber überlassen hätte, einen verfassungsgemäßen Rechtszustand zu schaffen.

Dieses Beispiel zeigt, daß eine positiv gestaltende Teilnichtigerklärung nicht immer zu einem dem GG mehr entsprechenden Zustand führt als eine Entscheidung, die nur die Unvereinbarkeit einer Norm mit dem GG feststellt. Die Nichtigerklärung des Ausschlusses kann daher entgegen der Ansicht von *Böckenförde*[37] nicht einfach damit gerechtfertigt werden, daß das BVerfG die verletzte Verfassung alsbald wieder zur Geltung zu bringen habe. Soweit die Herstellung eines verfassungsgemäßen Rechtszustandes eine nicht nur kassatorische Gestaltung der Rechtsordnung fordert, vermag das BVerfG diese Aufgabe nicht so sachgerecht zu erfüllen wie der Gesetzgeber. Eine Befugnis des BVerfG, durch Nichtigerklärung der Ausschlußregelung positiv gestaltend tätig zu werden, kann unter diesen Umständen nur anerkannt werden, wenn sie dem Gericht durch das BVerfGG und das GG eingeräumt worden ist.

III. Entscheidungsbefugnis des Bundesverfassungsgerichts bei der Rechtssatzkontrolle

1. *Regelung des Bundesverfassungsgerichtsgesetzes*

Nach § 78 und § 95 Abs. 3 BVerfGG hat das BVerfG eine verfassungswidrige Norm für nichtig zu erklären. Nach dem Wortlaut dieser Vorschriften könnte dem Gericht auch eine Nichtigerklärung erlaubt sein, die zur Ausdehnung des Geltungsbereichs der begünstigenden Regelung führt. Aus § 31 Abs. 2 BVerfGG n. F. folgt jedoch, daß das Gericht bei seiner Entscheidung auf die Gestaltungsfreiheit des Gesetzgebers Rücksicht zu nehmen hat. Diese Vorschrift knüpft nämlich an die bisherige Rechtsprechung des BVerfG an[38], wonach die Nichtigerklärung eines ausdrücklichen Ausschlusses ausscheidet, wenn der Gesetzgeber auf verschiedene Weise den Grundrechtsverstoß beseitigen kann.

Daß dem BVerfG nicht die Befugnis eingeräumt worden ist, mit seiner Entscheidung neues Recht zu schaffen, ergibt sich deutlich aus den Gesetzesmaterialien. Bei den Beratungen des BVerfGG im Parlament ist wiederholt darauf hingewiesen worden, daß es nicht Aufgabe des BVerfG sei, anstelle des Gesetzgebers Recht zu setzen. So führte der Abgeordnete Dr. *von Merkatz* als Berichterstatter des Rechtsausschusses aus[39], das BVerfG habe als Gericht weder politische Willensentscheidun-

---

[37] Chr. *Böckenförde*, S. 132 ff.
[38] Vgl. § 8 II, 1 b FN 20.
[39] Vhdlg. des Dt. BT, 1. WP, 112. Sitzung, 4218 D/4219 A.

gen zu treffen, noch „die Arbeit des Gesetzgebers zu erledigen oder irgendeinen Griff in die Sterne zu tun". Es solle lediglich die gesetzgeberischen Erzeugnisse am GG messen und über ihre Vereinbarkeit oder Unvereinbarkeit mit der Verfassung entscheiden. Der Abgeordnete *Neumayer* wies als Mitberichterstatter für die besonderen Verfahrensvorschriften darauf hin[40], ein Recht des BVerfG, neues Recht zu schaffen, bestehe nicht und könne auch nicht anerkannt werden. In die gleiche Richtung gingen die Ausführungen des Abgeordneten Dr. *Laforet*[41]. Dieser hob hervor, das BVerfG habe nicht die Aufgabe, das Recht zu gestalten. Es sei nicht befugt, eine Willensentscheidung nach gesetzgeberischem Ermessen zu treffen; vielmehr müsse es das als Grundlage nehmen, was bereits rechtlich gestaltet sei. Diese Stellungnahmen, die ohne Widerspruch geblieben sind, ergeben, daß der einfache Gesetzgeber dem BVerfG nur das Recht eingeräumt hat, die verfassungsmäßige Rechtslage festzustellen und ein Gesetz, das wegen Verstoßes gegen das GG nichtig ist, zu kassieren. Dem Gericht sollte es aber nicht erlaubt sein, sich über den Gestaltungsvorrang und die Gestaltungsfreiheit des Gesetzgebers hinwegzusetzen, solange das GG diesem auch nur einen gewissen Spielraum hinsichtlich der Gestaltung der Rechtsordnung einräumt. Das Gericht ist damit im wesentlichen auf eine negativ gestaltende, dem Gesetzgeber nicht vorgreifende Entscheidung festgelegt. Ein der Gestaltung durch den Gesetzgeber vorgreifender Entscheidungsausspruch ist danach nur ausnahmsweise zulässig, und zwar dann, wenn das GG dem Gesetzgeber eine bestimmte Regelung verbindlich vorschreibt, so daß allein durch die Nichtigerklärung des ausdrücklichen Ausschlusses der vom GG geforderte Rechtszustand herbeigeführt werden kann. Ob solche Fälle denkbar sind, ist eine Frage des materiellen Verfassungsrechts, auf die noch einzugehen ist.

2. Regelung des Grundgesetzes

Eine weitergehende Entscheidungsbefugnis, als sie der einfache Gesetzgeber dem BVerfG eingeräumt hat, ist auch mit dem GG nicht zu vereinbaren. Sie würde gegen den Grundsatz der Gewaltenteilung verstoßen, weil das GG dem Gericht keinerlei gesetzgeberische Befugnisse zuweist[42]. Nach Art. 20 Abs. 2 Satz 2 GG wird die vom Volk ausgehende Staatsgewalt durch besondere Organe der Gesetzgebung, der vollziehen-

---

[40] Vhdlg. des Dt. BT, a.a.O., 4234 B.
[41] Vhdlg. des Dt. BT, a.a.O., 114. Sitzung, 4288.
[42] Vgl. *Friesenhahn*, S. 151; *Franz Klein*, DÖV 1964, 471 (473); *Friedrich Klein*, Bundesverfassungsgericht, S. 15 ff.; *Seuffert*, NJW 1969, 1369 (1372); *Wintrich*, 204 u. 208; *Holtkotten*, Bonner Kommentar, Art. 93 II, Anm. A 1 b (S. 21) und B 2 a (S. 31).

den Gewalt und der Rechtsprechung ausgeübt. Das für die Gesetzgebung zuständige Organ ist aufgrund der Entscheidung des GG für die parlamentarische Demokratie (Art. 20 Abs. 1 und 2 GG) das aus allgemeinen Wahlen hervorgegangene Parlament[43]. Das BVerfG ist durch Art. 92 ff. GG der Rechtsprechung zugeordnet und damit Teil der Dritten Gewalt[44], deren Aufgabe es ist, im Einzelfall das Recht zu finden, nicht aber Recht kraft eigener Willensentscheidung zu setzen.

Allein aus der Zuordnung des BVerfG zur Dritten Gewalt kann jedoch noch nicht zwingend hergeleitet werden, daß dem Gericht nach der Verfassung keine Rechtsetzungsbefugnisse zukommen; denn der Grundsatz der Gewaltenteilung ist im GG nicht streng verwirklicht[45]. Deshalb muß für die Entscheidung dieser Frage auf die übrigen Verfassungsbestimmungen, die etwas über die Aufteilung der Staatsfunktionen sagen, zurückgegriffen werden[46]. Dabei ist zu berücksichtigen, daß das GG die Staatsgewalt nicht nur deshalb auf verschiedene Organe verteilt hat, damit diese sich zum Schutz der Freiheit des Einzelnen gegenseitig kontrollieren und ggf. hemmen[47]. Die Aufteilung der Staatsgewalt auf verschiedene Träger soll vielmehr auch eine sachgerechte Erfüllung der jeweils zugewiesenen Aufgaben zum Wohle des Staatsganzen gewährleisten. Deshalb hat das GG die einzelnen Organe entsprechend der ihnen zugewiesenen Funktion eingerichtet und mit Befugnissen versehen[48]. Unter diesem Gesichtspunkt bedeutet die Gewaltenteilung, daß jedem Organ nur solche Aufgaben zukommen können, die es sachgerecht zu erfüllen vermag[49].

Geht man hiervon aus, so können dem BVerfG keine gesetzgeberischen Befugnisse zuerkannt werden; denn es ist nach seiner Funktion und Ausgestaltung für diese Aufgabe nicht geeignet. Das Gericht ist nicht nur formell der Dritten Gewalt zugeordnet, ihm sind auch weitgehend echte richterliche Aufgaben zugewiesen worden[50]. Soweit es um den Aufgabenkatalog in Art. 93 GG geht, ist das Gericht im wesentlichen darauf beschränkt, verfassungswidrige Maßnahmen zu beseitigen und die Einhaltung des GG durch die übrigen Organe des Staates sicherzustellen[51]. Die Entscheidungen, die das Gericht in Wahrnehmung seiner

---

[43] *Hesse*, S. 202 f.; *Friedrich Klein*, Bundesverfassungsgericht, S. 17 f.
[44] Vgl. *Leibholz*, Statusbericht, Einführung, JbÖffR N. F. 6, 110 (111).
[45] BVerfGE 3, 225 (247); 7, 183 (188); *Lenz*, Hamann-Lenz, Einführung, D 7, 2 (S. 81) m. w. N.
[46] So *Hesse*, S. 194; ähnlich auch *Lenz*, Hamann-Lenz, Einführung, D 7, 1 (S. 81).
[47] Vgl. hierzu BVerfGE 3, 225 (247); *v. Mangoldt-Klein*, Art. 20, Anm. V 5 b (S. 599).
[48] *Hesse*, S. 194 f.
[49] *Hesse*, S. 197.
[50] Vgl. Art. 18 Satz 2, 21 Abs. 2, 61 Abs. 1 Satz 1 GG.
[51] Vgl. *Leibholz*, Statusbericht, Einführung, JbÖffR N. F. 6, 110 (111).

§ 8 Entscheidung bei ausdrücklichem gesetzlichen Ausschluß

Kontrollfunktion zu fällen hat, sind zwar von erheblicher politischer Bedeutung, weil sie auf die Gestaltung des Staatslebens einwirken. Die Tätigkeit des Gerichts ist aber darauf begrenzt, die Verfassung auszulegen und die Maßnahmen der anderen Staatsorgane am GG zu messen. Es handelt sich also stets um vom Recht her bestimmte Entscheidungen. Das gilt auch für die Verfahren, in denen es um die Kontrolle von Gesetzen geht (Art. 93 Abs. 2, 4 a und 4 b, Art. 100 GG)[52]. Dabei kann dahinstehen, ob die Tätigkeit des Gerichts bei der Rechtssatzkontrolle materiell Rechtsprechung ist[53], oder ob es sich um negative Gesetzgebung handelt[54]. Denn auch hier wird objektives Recht am Maßstab ranghöheren Rechts kontrolliert. Aus den einschlägigen Bestimmungen des GG läßt sich nur entnehmen, daß das Verfassungsgericht, soweit es um die Kontrolle gesetzgeberischer Maßnahmen geht, befugt ist, über die Vereinbarkeit einer Norm mit dem GG und ggf. über ihre Gültigkeit zu entscheiden. Eine Ermächtigung des Gerichts, in irgendeiner Form neues Recht zu setzen, ergibt sich aus ihnen nicht. Die Tätigkeit des BVerfG ist danach auf Rechtsbewahrung gerichtet und bedeutet keine Teilhabe an der Gesetzgebung[55], die das soziale Zusammenleben auch mit Wirkung für die Zukunft rechtlich zu ordnen hat.

Das BVerfG ist nach seiner Ausgestaltung auch nicht in der Lage, gesetzgeberische Funktionen in einer dem GG genügenden Art und Weise wahrzunehmen. Als Gericht, das mit einer kleinen Zahl von sachlich und persönlich unabhängigen Richtern besetzt ist, bringt es nicht die Voraussetzungen mit, die nach dem GG für eine sachgerechte Ausübung gesetzgebender Gewalt gegeben sein müssen. Diese Voraussetzungen sind dem Art. 20 Abs. 2 und den Art. 76 ff. GG zu entnehmen. Danach erläßt der Bundestag die Gesetze (Art. 77 Abs. 1 GG). Die Beratungen im Parlament und seinen Ausschüssen ermöglichen eine ausführliche Erörterung der mit der Neuregelung verbundenen Probleme und gewährleisten regelmäßig eine sachgerechte Entscheidung. Am Gesetzgebungsverfahren sind die Bundesregierung und über den Bundesrat auch die Länder beteiligt, die in aller Regel für die Durchführung von Bundesgesetzen zuständig sind. Durch diese Beteiligung wird einmal sichergestellt, daß die Sachkunde der Exekutive für die Gesetzgebung nutzbar gemacht wird[56]. Zum anderen wird erreicht, daß alle Träger

---

[52] *Menger*, System des verwaltungsgerichtlichen Rechtsschutzes, S. 88 ff.
[53] So *Franz Klein*, DÖV 1964, 471 (473); *Friedrich Klein*, Bundesverfassungsgericht, 11 ff. (15, 17 f.); *Lechner*, § 13 Ziff. 6 BVerfGG, Anm. 2 (S. 66 f.) m. w. N.; *Maunz*, Maunz-Sigloch, § 1, Rdnr. 7; *Stern*, Bonner Kommentar, Art. 100, Rdnr. 34; *Scheuner*, AöR 95, 353 (387).
[54] So *Chr. Böckenförde*, S. 64 ff. m. w. N.; *Flume*, K 27; vgl. auch die Nachweise bei *Stern*, a.a.O., Rdnr. 33.
[55] Siehe auch *Scheuner*, AöR 95, 353 (387).
[56] Vgl. *Hesse*, S. 196, 206; *v. Mangoldt-Klein*, Art. 76, Anm. IV 3 b (S. 1729).

politischer Gewalt auf den Gesetzgebungsvorgang Einfluß nehmen können, damit im Widerstreit der Interessen eine angemessene Lösung gefunden wird. Diese Voraussetzungen für eine sachgerechte gesetzgeberische Entscheidung fehlen beim BVerfG. Es ist seiner Ausgestaltung nach nicht in der Lage, die Vielzahl von Sachfragen, die der Erlaß einer gesetzlichen Regelung aufwirft, sachgerecht zu lösen; denn ihm fehlt vielfach das für eine Neuregelung erforderliche Detailwissen, vor allem hinsichtlich der Auswirkungen der Regelung. Zwar kann das Gericht vor seiner Entscheidung die Stellungnahmen der sonst am Gesetzgebungsverfahren beteiligten Organe einholen. Dies ist aber kein hinreichender Ersatz für die Mitwirkung, wie sie das GG im Gesetzgebungsverfahren vorsieht; denn die jeweiligen Organe sind an der allein vom Gericht getroffenen Entscheidung nicht unmittelbar beteiligt. Im übrigen würde ein solches Verfahren nicht zu einer schnelleren Beseitigung des verfassungswidrigen Rechtszustandes führen als die Regelung durch den Gesetzgeber selbst. Schließlich ist auch zu beachten, daß das GG die Gesetzgebung als Form der politischen Willensbildung dem Parlament zugewiesen hat, weil dieses aufgrund allgemeiner und unmittelbarer Wahlen für solche Entscheidungen demokratisch legitimiert ist. Es unterliegt durch die Wahlen der Kontrolle der Aktivbürgerschaft, ist also dieser gegenüber für sein politisches Handeln verantwortlich. Nach dem GG gehören somit politisches Handeln und Verantwortung gegenüber einer Kontrollinstanz zusammen[57]. Den Richtern des BVerfG fehlt jedoch die für die Gesetzgebung vorausgesetzte demokratische Legitimation, weil sie nicht vom Volk unmittelbar gewählt werden. Sie unterliegen damit nicht der Kontrolle der Aktivbürgerschaft; als Verfassungsrichter sind sie vielmehr persönlich und sachlich unabhängig und nur der Verfassung unterworfen.

Das BVerfG ist somit auch nach dem GG nicht befugt, anstelle des Gesetzgebers Recht zu setzen. Es darf daher einen ausdrücklichen Ausschluß nicht für nichtig erklären und damit den Geltungsbereich der begünstigenden Regelung ausdehnen, wenn dem Gesetzgeber hinsichtlich der Neuordnung der Materie noch eine Gestaltungsfreiheit verbleibt. In diesen Fällen ist die Beseitigung des verfassungswidrigen Rechtszustandes Aufgabe des Gesetzgebers[58]. Erst wenn dieser seiner Pflicht nicht nachkommen und damit den Boden des GG verlassen sollte, kann es dem Verfassungsgericht erlaubt sein, zur Wahrung der verfassungsmäßigen Ordnung in den Gestaltungsvorrang und die Gestaltungsfreiheit des Gesetzgebers einzugreifen.

---

[57] Zur Zusammengehörigkeit von politischem Handeln und Verantwortung siehe *Forsthoff*, S. 132 f.
[58] So *Frowein*, Gutachten, S. 7; vgl. auch *Hesse*, S. 226, der darauf hinweist, daß das BVerfG nicht die Funktionen anderer Organe übernehmen dürfe.

IV. Zulässigkeit und Grenzen der Nichtigerklärung eines ausdrücklichen Ausschlusses

1. Kassation eines ausdrücklichen Ausschlusses bei Gesetzen der gewährenden Staatstätigkeit

a) Da das BVerfG den Gestaltungsvorrang und die Gestaltungsfreiheit des Gesetzgebers bei seiner Entscheidung zu beachten hat, kann die Nichtigerklärung eines in einem begünstigenden Gesetz enthaltenen ausdrücklichen Ausschlusses z. B. nicht allein damit gerechtfertigt werden, daß der Gesetzgeber bei Kenntnis des Verfassungsverstoßes die bisher Ausgeschlossenen in die begünstigende Regelung einbezogen hätte[59] oder daß die Zahl der Ausgeschlossenen gering sei[60]. Das BVerfG geht bei dieser Argumentation von einem hypothetischen Willen des Gesetzgebers aus. Was der Gesetzgeber bei richtiger Würdigung der verfassungsrechtlichen Lage wirklich getan hätte, läßt sich im Zeitpunkt der verfassungsgerichtlichen Entscheidung vielfach nicht mehr mit Sicherheit feststellen. Liegt die Verabschiedung des Gesetzes lange Zeit zurück, so ist zudem auf die Ordnungsvorstellungen des gegenwärtigen Gesetzgebers Rücksicht zu nehmen; denn er muß mit den Folgen einer Nichtigerklärung des Ausschlusses fertig werden. Unter Umständen würde er aber jetzt die fragliche Materie anders regeln. Erklärt das BVerfG mit Rücksicht auf den mutmaßlichen Willen des Gesetzgebers einen Ausschluß für nichtig, besteht demnach immer die Gefahr, daß es sich an die Stelle des Gesetzgebers setzt. Es ist auch zu bedenken, daß die Nichtigerklärung des Ausschlusses zu einer Erhöhung der Staatsausgaben führen kann. Eine Entscheidung, die eine Vermehrung der Staatsausgaben zur Folge hat, ist aber eine eminent politische Angelegenheit, wie Art. 113 GG zeigt. Nach dieser Bestimmung ist nicht einmal das Parlament in der Lage, allein wirksam ein Gesetz zu erlassen, das die von der Bundesregierung vorgeschlagenen Ausgaben des Haushaltsplanes erhöhen oder neue Ausgaben in sich schließen oder für die Zukunft mit sich bringen wird. Ein derartiges Gesetz bedarf der Zustimmung der Bundesregierung (Art. 113 Abs. 1 Satz 1 GG). Sind aber schon dem Parlament Grenzen gesetzt, so kann erst recht dem BVerfG nicht die Befugnis zukommen, Entscheidungen zu erlassen, die unmittelbar zu einer Vermehrung der Staatsausgaben führen. Eine Ausnahme besteht nur insoweit, als die gesetzgebenden Organe von Verfassungs wegen eine bestimmte Regelung erlassen müssen; denn hier würde die Bundesregierung mit einer Versagung der Zustimmung gegen das GG verstoßen.

---

[59] Vgl. BVerfGE 8, 28 (37); 14, 308 (312); siehe auch § 6 II, 2 c FN 39.
[60] Vgl. BVerfGE 13, 31 (39); 22, 163 (164).

Seuffert[61] hält mit Rücksicht auf den Grundsatz der Gewaltenteilung die Kassation eines ausdrücklichen Ausschlusses dann für zulässig, wenn eindeutig feststehe, daß der Gesetzgeber anstelle der angefochtenen Regelung nur eine ganz bestimmte andere, verfassungsgemäße Regelung treffen könne und — das müsse hinzukommen — sie bei richtiger Würdigung der Rechtslage auch getroffen hätte. Damit werden für die Nichtigerklärung eines ausdrücklichen Ausschlusses engere Voraussetzungen aufgestellt als in den o. a. Entscheidungen. Unklar bleibt jedoch, warum es neben der verfassungsmäßigen Festlegung des Gesetzgebers auf eine bestimmte Regelung auch noch auf den gesetzgeberischen Willen ankommen soll. Schreibt das GG dem Gesetzgeber eine bestimmte Regelung vor, so kommt das Verfassungsgericht mit der Nichtigerklärung des Ausschlusses zwar der Gestaltung durch den Gesetzgeber zuvor. Es greift damit aber nach dem bisher Gesagten nicht unzulässig in den Gestaltungsvorrang und erst recht nicht in die Gestaltungsfreiheit des Gesetzgebers ein. Dem Gesetzgeber verbleibt in diesem Fall nämlich keine andere Möglichkeit, als die begünstigende Regelung auf die bisher Ausgeschlossenen auszudehnen. Wenn nach Seuffert dennoch der Wille des Gesetzgebers zu berücksichtigen ist, so geht er wohl davon aus, daß dem Gesetzgeber noch eine gewisse Freiheit der Gestaltung verbleibt. Dies trifft in den meisten Fällen auch zu. Soweit aber eine solche Gestaltungsfreiheit noch besteht, stellt die Nichtigerklärung des Ausschlusses einen unzulässigen Eingriff in die Gesetzgebung dar.

Ein derartiger Eingriff ist nur ausgeschlossen, wenn das GG den Gesetzgeber hinsichtlich der gesetzlichen Ordnung einer Materie auf eine bestimmte Regelung festlegt. Allein in diesen Fällen ist die Nichtigerklärung des ausdrücklichen Ausschlusses zulässig, weil das BVerfG hier nur ausspricht, was aufgrund der Verfassung zu gelten hat. Eine derartige Bindung des Gesetzgebers ist jedoch selten. Das GG schreibt nämlich dem Gesetzgeber in der Regel nicht vor, wie eine Materie in allen Einzelheiten rechtlich zu ordnen ist[62]. Der Gesetzgeber hat nicht bloß nachzuvollziehen, was in der Verfassung schon vorentschieden ist. Das GG hat ihm zwar bestimmte Gesetzgebungsaufträge erteilt; es setzt der gesetzgeberischen Gestaltungsfreiheit auch gewisse Grenzen, z. B. durch Art. 3 GG. Innerhalb dieses verfassungsrechtlich abgesteckten Rahmens verbleibt dem Gesetzgeber aber noch eine weitgehende Freiheit[63]. So kann er regelmäßig frei entscheiden, welche Gesichtspunkte für die konkrete Ausgestaltung einer gesetzlichen Regelung maßgebend sein sollen. Er ist aufgrund des GG nicht verpflichtet, an der einmal

---

[61] NJW 1969, 1369 (1373).
[62] Vgl. *Lerche*, AöR 90, 341 (349 f.); *Ritter*, S. 113.
[63] *Maunz* u. *Dürig*, Maunz-Dürig, Art. 20, Rdnr. 117 f.; *Lenz*, Hamann-Lenz, Einführung, D 7 a (S. 92).

§ 8 Entscheidung bei ausdrücklichem gesetzlichen Ausschluß

getroffenen Entscheidung für alle Zukunft festzuhalten. Eine solche Bindung des Gesetzgebers kann entgegen der Ansicht von *Seiwerth*[64] auch nicht damit begründet werden, daß der Gesetzgeber sich durch den Erlaß der begünstigenden Regelung hinsichtlich der Ausübung seines Ermessens selbst gebunden habe. Der im Verwaltungsrecht anerkannte Grundsatz über die Selbstbindung des behördlichen Ermessens ist auf die Gesetzgebung nicht einmal entsprechend anwendbar. Die Tätigkeit des Gesetzgebers kann trotz seiner Gebundenheit durch die Verfassung dem Gesetzesvollzug der Verwaltung nicht gleichgestellt werden[65]; denn das GG beläßt dem Gesetzgeber eine größere Entscheidungsfreiheit, als sie der Verwaltung aufgrund einer Ermessensvorschrift je zukommt.

Nach der hier vertretenen Auffassung sind der Kassation eines ausdrücklichen Ausschlusses zwar sehr enge Grenzen gesetzt, weil eine solche Entscheidung nur für zulässig erachtet wird, sofern das GG die Ausdehnung der begünstigenden Vorschrift auf die Ausgeschlossenen eindeutig vorschreibt. Diese Beschränkung der Nichtigerklärung stellt aber sicher, daß das Verfassungsgericht sich mit seiner Entscheidung nicht an die Stelle des Gesetzgebers setzt. Die Gefahr eines unzulässigen Eingriffs in den Bereich der Gesetzgebung ist bei der Kassation eines ausdrücklichen Ausschlusses größer als im Rahmen der verfassungskonformen Auslegung, bei der ebenfalls über den Inhalt eines Gesetzes verfügt wird und eine Verfälschung des gesetzgeberischen Willens nicht ausgeschlossen ist[66]. Die verfassungskonforme Auslegung scheidet immerhin dann aus, wenn sie mit dem Wortlaut der Norm und dem klar erkennbaren Willen des Gesetzgebers unvereinbar ist. Diese Schranken werden bei der Kassation des Ausschlusses jedoch überschritten; denn hier setzt sich das Gericht sowohl über den Wortlaut des Gesetzes als auch über den wirklichen Willen des Gesetzgebers hinweg. In dem Beiseiteschieben des gesetzgeberischen Willens liegt auch der wesentliche Unterschied zu der im ersten Teil der Arbeit vertretenen verfassungskonformen Rechtsfortbildung. Diese ist nämlich nur zulässig, soweit das Gesetz lückenhaft ist, der Wille des Gesetzgebers also unvollständig geblieben ist. Die Rechtsfortbildung muß sich an den Wertungen des lückenhaften Gesetzes orientieren und damit den zum Ausdruck gekommenen Willen des Gesetzgebers beachten. Sie ist außerdem ein Prozeß, der sich über eine Reihe von Einzelentscheidungen erstreckt.

---

[64] Vgl. *Seiwerth*, S. 70.
[65] So auch *Dürig*, Maunz-Dürig, Art. 1, Rdnr. 105 FN 1; *Lerche*, AöR 90, 341 (343 ff.). Siehe ferner *Forsthoff*, S. 143 f., der sich dagegen wendet, die Gesetzgebung als eine Art Verfassungsvollzug anzusehen; denn damit werde die Verfassung zum „juristischen Weltenei", aus dem alles hervorgehe.
[66] Vgl. hierzu *Burmeister*, S. 121 ff.; *Hesse*, S. 33; *Menger*, VerwArch 50, 389 f.

Die Kassation des Ausschlusses dehnt dagegen die begünstigende Norm sofort auf eine vielfach nicht zu überschauende Zahl von Fällen aus. Eine Gewähr, daß das Verfassungsgericht mit der Nichtigerklärung des Ausschlusses nicht seine Grenzen überschreitet, ist demnach nur gegeben, wenn feststeht, daß das GG die Ausdehnung der begünstigenden Vorschrift auf die bisher Ausgeschlossenen gebietet. Besteht eine derartige Bindung des Gesetzgebers nicht, ist das BVerfG darauf beschränkt, die Unvereinbarkeit der Vorschrift mit dem GG festzustellen.

b) Einen verfassungswidrigen Begünstigungsausschluß darf das BVerfG demnach nur für nichtig erklären, sofern der Gesetzgeber nach dem GG verpflichtet ist, die begünstigende Regelung auf die Ausgeschlossenen auszudehnen. Eine solche Bindung des Gesetzgebers ist nur anzunehmen, wenn nach dem GG die begünstigende Vorschrift im wesentlichen unverändert bestehen bleiben muß. Es kommt somit darauf an, ob der Gesetzgeber aufgrund des verletzten Verfassungsauftrags allein oder in Verbindung mit dem ebenfalls verletzten Art. 3 GG auf eine ganz bestimmte Regelung festgelegt wird.

Die Verfassungsaufträge des GG verpflichten nun zwar den Gesetzgeber, eine bestimmte Materie in angemessener Frist zu regeln; das „Ob" des Handelns ist ihm somit nicht freigestellt. Hinsichtlich des „Wie" seines Handelns, also bezüglich der Einzelheiten der Regelung, lassen die Aufträge ihm aber meistens eine mehr oder minder große Freiheit[67]. Der Gesetzgeber muß also ein dem Verfassungsauftrag genügendes Gesetz erlassen; er ist aber vielfach nicht gehalten, die einmal getroffene Regelung unverändert bestehen zu lassen. Soweit es aus sachlichen Gründen geboten ist, darf er die begünstigende Vorschrift abändern. Der Gesetzgeber kann demnach für die Zukunft einen verfassungsgemäßen Rechtszustand häufig auch dadurch herstellen, daß er die begünstigende Vorschrift aufhebt und ein neues Gesetz erläßt, das alle nach dem Verfassungsauftrag zu Begünstigenden erfaßt. Eine derartige Gesetzesänderung verstößt in Ansehung der bisher Begünstigten nicht gegen das aus dem Grundsatz der Rechtssicherheit folgende Gebot des Vertrauensschutzes. Zwar kann es sein, daß dieser Personenkreis von der Gesetzesänderung an geringere Vergünstigungen erhält, weil bei einer Begünstigung aller die Leistungen im alten Umfang nicht mehr gewährt werden können. Hierin liegt aber kein Verstoß gegen das GG; denn das Vertrauen auf den unveränderten Fortbestand der begünstigenden Vorschrift ist verfassungsrechtlich regelmäßig nicht geschützt[68].

---

[67] Vgl. *Ritter*, S. 113.
[68] Vgl. BVerfGE 15, 167 (202); siehe auch BVerfGE 4, 219 (245 f.), wonach ein solches Vertrauen nur ausnahmsweise schutzwürdig ist.

§ 8 Entscheidung bei ausdrücklichem gesetzlichen Ausschluß

Wenn der Gesetzgeber das begünstigende Gesetz auch für die Zukunft ändern darf, so könnte er doch verpflichtet sein, die Ausgeschlossenen für die Zeit vom Inkrafttreten des Gesetzes bis zu seiner Änderung den bisher Begünstigten gleichzustellen. *Schneider*[69] bejaht eine solche Verpflichtung: Da den Begünstigten mit Rücksicht auf den rechtsstaatlich gebotenen Vertrauensschutz die bereits gewährten Vergünstigungen nicht mehr entzogen werden könnten, gebiete der Gleichheitssatz, den Ausgeschlossenen die Vergünstigung für die Vergangenheit zu gewähren. Das BVerfG könne deshalb einen ausdrücklichen Ausschluß für nichtig erklären, ohne in die Gestaltungsfreiheit des Gesetzgebers einzugreifen.

Dieser Ansicht ist zuzugeben, daß in den meisten Fällen ein rückwirkender Entzug der Vergünstigung ausscheidet, weil es sich um einen gegen den Grundsatz der Rechtssicherheit verstoßenden belastenden Eingriff in die Rechtsstellung der Begünstigten handeln würde[70]. Daraus folgt aber nicht, daß die begünstigende Vorschrift in jedem Fall unverändert auf die Ausgeschlossenen ausgedehnt werden muß. Stellt sich z. B. heraus, daß die mit einer Ausdehnung der begünstigenden Regelung verbundenen Mehrausgaben die öffentlichen Haushalte zu sehr belasten würden, dann darf der Gesetzgeber ein neues, die Leistungen niedriger festsetzendes Gesetz mit der Maßgabe erlassen[71], daß dieses hinsichtlich der Vergangenheit sowohl für die bisher Ausgeschlossenen als auch für die noch nicht rechtskräftig abgeschlossenen Fälle gilt. Eine solche Gesetzesänderung verstößt nicht gegen den Grundsatz der Rechtssicherheit. Die bisher Ausgeschlossenen durften nämlich nicht darauf vertrauen, die Leistung im früheren Umfang zu erhalten. Da sie von der alten begünstigenden Regelung nicht erfaßt wurden, war für sie kein Vertrauenstatbestand gegeben. Für die unter die alte Regelung fallenden Personen, denen die Vergünstigung aber noch nicht endgültig zugesprochen war, lag zwar ein gewisser Vertrauenstatbestand vor. Gleichwohl darf sie der Gesetzgeber — soweit sachliche Gründe die Gesetzesänderung erfordern — der neuen Regelung unterwerfen, ohne zugleich auch die entschiedenen Fälle in die rückwirkende Neuregelung einzubeziehen. Denn es ist nicht willkürlich, wenn der Gesetzgeber bei der rückwirkenden Änderung eines Gesetzes der Rechtssicherheit den Vorrang vor der materiellen Gerechtigkeit einräumt, indem er die entschiedenen Fälle von der Neuregelung ausnimmt[72]. Die rückwirkende Änderung der begünstigenden Regelung kommt nicht nur bei einer

---
[69] R. *Schneider*, AöR 89, 24 (46); ähnlich *Stahler*, S. 136.
[70] Vgl. aber auch BVerfGE 7, 129 (151 f.), wonach ein solcher Eingriff ausnahmsweise einmal zulässig sein kann.
[71] Vgl. auch *Dax*, S. 111 f.
[72] Vgl. BVerfGE 7, 194 (196); 15, 313 (320).

übermäßigen Belastung der öffentlichen Haushalte in Betracht; sie ist vielmehr stets zulässig, wenn die Ausdehnung des Geltungsbereichs der bestehenden Regelung aus irgendwelchen Gründen mit dem Gemeinwohl unvereinbar ist.

Die Frage, ob die Ausgeschlossenen den Begünstigten für die Vergangenheit gleichzustellen sind, kann nur unter Berücksichtigung aller Umstände des jeweiligen Falles entschieden werden. Die Entscheidung ist keineswegs immer eine reine Rechtsfrage. Es sind alle Auswirkungen einer Ausdehnung der begünstigenden Regelung zu berücksichtigen; es ist u. U. erforderlich, die Neuregelung mit anderen dringenden Aufgaben des Staates und ggf. mit anderen anstehenden Gesetzgebungsvorhaben abzustimmen. Deshalb muß die Entscheidung vielfach dem Gesetzgeber vorbehalten bleiben.

Die Kassation eines verfassungswidrigen Begünstigungsausschlusses durch das BVerfG kommt demnach nur selten in Betracht. Sie ist aber nicht ganz ausgeschlossen. Als Beispiele aus der bisherigen Rechtsprechung sind die Entscheidungen zum G 131 zu nennen. Art. 131 GG verpflichtet den Gesetzgeber, die Rechtsverhältnisse der dort aufgeführten Personen zu regeln. Da es sich um eine einmalige Ermächtigung zur Regelung der betreffenden Materie handelt[73], war und ist es dem Gesetzgeber untersagt, das einmal erlassene Gesetz durch ein völlig neues zu ersetzen. Es verbleibt ihm nur die Möglichkeit, Zweifel zu beseitigen und etwaige Lücken im G 131 zu schließen[74]. Der Gesetzgeber ist also, nachdem er sich einmal für eine bestimmte Regelung entschieden hat, hinsichtlich der wesentlichen Regelungsprinzipien gebunden. Daher ist es nicht zu beanstanden, wenn das BVerfG bisher wiederholt einen ausdrücklichen Ausschluß im G 131 für nichtig erklärt hat. Geht man z. B. mit dem BVerfG davon aus, daß die ehemaligen Berufssoldaten[75], die einen Versorgungsanspruch gegen das Reich erworben hatten, durch den Relativsatz in § 53 Abs. 1 Satz 1 G 131 i. d. F. v. 1. September 1953 ausdrücklich ausgeschlossen waren, so mußte das Gericht diesen Ausschluß für nichtig erklären. Der Gesetzgeber war hier nämlich von Verfassungs wegen verpflichtet, diese Berufssoldaten in das G 131 einzubeziehen und in demselben Umfang zu begünstigen wie die bereits aufgenommenen Gruppen. Das Gericht durfte auch in BVerfGE 6, 246 (256) die Regelung über das Inkrafttreten des Ersten Gesetzes zur Änderung des G 131 vom 11. August 1953 insofern teilweise für nichtig erklären, als sie den Leistungsbeginn für die ehemaligen Angehörigen der Reichsärzte- und der Reichsapothekerkammer auf den 1. September 1953

---

[73] So H. Peters, JZ 1954, 589 (596).
[74] Vgl. H. Peters, a.a.O., FN 71; siehe auch BVerfGE 6, 282 (288 f.).
[75] BVerfGE 16, 94; vgl. auch § 6 I, 1 c FN 17.

§ 8 Entscheidung bei ausdrücklichem gesetzlichen Ausschluß

und nicht auf den 1. April 1951 festsetzte. Die Angehörigen dieser Einrichtungen waren, wie es gem. Art. 131 GG geboten war, durch das Änderungsgesetz in den Kreis der nach dem G 131 Berechtigten aufgenommen worden. Nach Art. V Abs. 1 des Änderungsgesetzes trat dieses zwar mit Wirkung vom 1. April 1951 in Kraft, jedoch mit der Maßgabe, daß Zahlungen aufgrund geänderter oder neu eingefügter Vorschriften erst ab 1. September 1953 erbracht wurden. Diese Regelung war, soweit sie die ehemaligen Angehörigen der Reichsärzte- und Reichsapothekerkammer betraf, mit dem GG unvereinbar. Denn der Gesetzgeber war nach Art. 131 i. V. m. Art. 3 Abs. 1 GG verpflichtet, diesen Gruppen die Leistungen rückwirkend vom 1. April 1951 an zu gewähren, da das G 131 an diesem Tag erstmalig in Kraft getreten war. Das BVerfG konnte hier zwar den ausdrücklichen Ausschluß dieser Gruppen nicht durch Streichung des Satzes über den Zahlungsbeginn beseitigen, weil die Festsetzung des Zahlungsbeginns auf den 1. September 1953 hinsichtlich anderer Fälle gerechtfertigt war. Das Gericht hat daher die Regelung mit Recht nur insoweit für nichtig erklärt[76], als sie auch für die ehemaligen Angehörigen der Reichsärzte- und der Reichsapothekerkammer galt. Diese Gruppen erhielten damit die Leistungen rückwirkend vom 1. April 1951. Daß das Gericht hier den ausdrücklichen Ausschluß nicht durch Streichung eines Satzes oder Wortes des Gesetzes kassieren konnte, ist unschädlich; denn das BVerfG hat nicht Satzteile oder Worte einer Vorschrift für nichtig zu erklären, sondern die mit dem GG unvereinbare gesetzliche Regelung.

c) Soweit das BVerfG über einen ausdrücklichen willkürlichen Ausschluß in einem begünstigenden Gesetz zu entscheiden hat, gilt grundsätzlich das gleiche wie bei der Entscheidung über einen verfassungswidrigen Begünstigungsausschluß. Ein Unterschied ist jedoch zu beachten. Während beim verfassungswidrigen Begünstigungsausschluß der Gesetzgeber aufgrund des Verfassungsauftrages ein begünstigendes Gesetz erlassen muß, kann er in den Fällen der willkürlichen Nichtbegünstigung vielfach frei darüber entscheiden, ob das begünstigende Gesetz überhaupt bestehen bleiben soll. Ihm kommt hier eine größere Freiheit zu, weil Art. 3 GG ihn auf keine bestimmte Regelung festlegt[77]. Der Gesetzgeber darf die Vergünstigung auch ganz abschaffen, wenn er glaubt, ihre Ausdehnung auf die bisher Ausgeschlossenen nicht verantworten zu können. Das gilt entgegen der Ansicht von *Schneider* und *Stahler*[78] grundsätzlich auch für die Vergangenheit, und zwar selbst dann, wenn den bisher Begünstigten die bereits gewährte Vergünsti-

---

[76] Siehe BVerfGE 6, 246 (256).
[77] Vgl. § 7 II, 3 a/b.
[78] R. *Schneider*, AöR 89, 24 (46); *Stahler*, S. 136.

gung nicht mehr entzogen werden kann⁷⁹. Eine Verpflichtung, die begünstigende Vorschrift auf die Ausgeschlossenen auszudehnen, kommt nur ausnahmsweise in Betracht, nämlich dann, wenn das Gebot des Vertrauensschutzes und andere Verfassungsprinzipien (z. B. das Sozialstaatsprinzip) die Ausdehnung gebieten. Im Zweifel kommt jedoch der Gestaltungsfreiheit des Gesetzgebers der Vorrang zu; denn es ist mit dem GG nicht zu vereinbaren, den Gesetzgeber aufgrund seines vorausgegangenen Tuns einer ähnlichen Bindung zu unterwerfen, wie sie im Verwaltungsrecht mit dem Grundsatz der Selbstbindung des behördlichen Ermessens anerkannt ist.

Das BVerfG darf deshalb in der Regel einen ausdrücklichen willkürlichen Ausschluß nicht für nichtig erklären. Es hat sich vielmehr auf die Feststellung zu beschränken, daß der Ausschluß mit dem GG unvereinbar ist; die Neuregelung hat es dem Gesetzgeber zu überlassen. Soweit das Gericht aber ausnahmsweise einen willkürlichen Ausschluß für nichtig erklärt, muß es darlegen, daß der Gesetzgeber sich nicht mehr frei entscheiden kann. Deshalb reicht es zur Begründung der Nichtigerklärung nicht aus, wenn in manchen Entscheidungen im wesentlichen auf den mutmaßlichen Willen des Gesetzgebers abgestellt wird⁸⁰. Ob in diesen Fällen unter Berücksichtigung der hier vertretenen Auffassung die Nichtigerklärung aus anderen Gründen gerechtfertigt war, kann nicht im einzelnen untersucht werden. Eine solche Prüfung würde zu weit führen. Im folgenden soll lediglich auf zwei Beispiele aus der Rechtsprechung des BVerfG näher eingegangen werden.

In seiner Entscheidung vom 9. Juni 1970 hat der 2. Senat den § 18 Abs. 6 LBesG NRW wegen Verstoßes gegen Art. 3 Abs. 1 GG für nichtig erklärt⁸¹. Die Vorschrift bestimmte, daß einem Beamten für verheiratete, verwitwete oder geschiedene Kinder kein Kinderzuschlag gewährt wurde. Dieser generelle Ausschluß des Kinderzuschlages für verheiratete Kinder verstieß gegen Art. 3 Abs. 1 GG, weil allein der Umstand, daß ein Kind verheiratet ist oder war, die Versagung des Zuschlages nicht rechtfertigt. Das hat auch der 1. Senat für ähnliche Ausschlußregelungen im Rentenrecht und im BKGG anerkannt⁸². Der ausdrückliche Ausschluß durfte aber nur dann für nichtig erklärt werden, wenn der Gesetzgeber nach dem GG verpflichtet ist, den Kinderzuschlag in der Weise zu regeln, daß er für alle Kinder bis zu einem gewissen Alter zu zahlen ist. Eine solche Verpflichtung besteht jedoch nicht⁸³; auch der 2. Senat hat in der Begründung seiner Entscheidung nicht dargetan, daß

---

⁷⁹ Vgl. hierzu *Dax*, S. 102 ff.
⁸⁰ Vgl. die Fälle in § 6 I, 2 c (2).
⁸¹ BVerfGE 29, 1.
⁸² BVerfGE 28, 324; 29, 57 und 71.
⁸³ Vgl. auch BVerfGE 28, 324 (361 ff.).

§ 8 Entscheidung bei ausdrücklichem gesetzlichen Ausschluß 91

der Gesetzgeber eine derartige Regelung von Verfassungs wegen erlassen muß. Der Senat geht nämlich davon aus[84], daß es keinen hergebrachten Grundsatz des Berufsbeamtentums gibt, wonach einem Beamten für verheiratete Kinder Kinderzuschlag zu gewähren ist. Die Nichtigerklärung der Ausschlußregelung wird allein mit der Verletzung des Art. 3 Abs. 1 GG begründet. Diese Grundrechtsnorm gebietet dem Staat aber nicht, für verheiratete Kinder einen Kinderzuschlag schlechthin zu gewähren. So kann der Gesetzgeber die Zahlung des Kinderzuschlages zumindest davon abhängig machen, daß der Beamte dem Kind Unterhalt leistet, weil der Ehegatte des Kindes diesem keinen Unterhalt zu zahlen vermag. Diese Gestaltungsmöglichkeit hat u. a. den 1. Senat[85] davon abgehalten, die von ihm geprüften Ausschlußregelungen für nichtig zu erklären. Der 2. Senat hat demnach mit der Nichtigerklärung des § 18 Abs. 6 LBesG NRW sowohl nach der hier vertretenen Auffassung als auch nach den Grundsätzen des BVerfG die Grenzen überschritten, die dem Gericht durch das BVerfGG und das GG gezogen sind.

Die Nichtigerklärung eines ausdrücklichen willkürlichen Begünstigungsausschlusses kommt eher in Betracht, wenn der Verordnungsgeber unter Verstoß gegen Art. 3 Abs. 1 GG eine bestimmte Personengruppe benachteiligt hat[86]. Es ist anerkannt, daß der einfache Gesetzgeber den Verordnungsgeber verpflichten kann, von der ihm eingeräumten Ermächtigung Gebrauch zu machen[87]. Eine derartige Verpflichtung des Verordnungsgebers ist vor allem dann anzunehmen, wenn ohne die Rechtsverordnung die gesetzlichen Regelungen nicht anwendbar sind. In diesen Fällen hat die Ermächtigungsnorm gegenüber dem Verordnungsgeber in etwa die gleiche Wirkung wie ein hinreichend bestimmter Gesetzgebungsauftrag des GG gegenüber dem einfachen Gesetzgeber. Da der Verordnungsgeber im Rahmen der ihm durch die Ermächtigungsnorm eingeräumten Gestaltungsfreiheit auch den Art. 3 GG zu beachten hat, kann er u. U. auf eine bestimmte Regelung festgelegt sein. In diesen Fällen ist die Nichtigerklärung des in der Verordnung enthaltenen ausdrücklichen Ausschlusses zulässig. So bestehen z. B. gegen die Kassation eines Ausschlusses keine Bedenken, wenn der Verordnungsgeber mit der Ausschlußregelung die Grenzen der Ermächtigung überschritten und damit die Entscheidung des Gesetzgebers unzulässigerweise korrigiert hat.

---

[84] Siehe BVerfGE 29, 1 (9).
[85] Vgl. BVerfGE 28, 324 (361 ff.); 29, 57 und 71.
[86] Vgl. z. B. BVerfGE 6, 273 (281 f.).
[87] Vgl. BVerfGE 6, 273 (281 f.); 13, 248 (254 f.); siehe auch *Wilke*, v. Mangoldt-Klein, Art. 80, Anm. XII, 1 (S. 1957 f.) m. w. N.

2. Nichtigerklärung eines ausdrücklichen Begünstigungsausschlusses in belastenden Gesetzen

a) Ein Verstoß gegen Art. 3 Abs. 1 GG liegt ebenfalls vor, wenn in einem belastenden Gesetz, insbesondere einem Steuergesetz, bestimmten Personengruppen ohne sachlichen Grund eine Vergünstigung gewährt wird, so daß sie eine geringere Belastung trifft als die übrigen Belasteten. Das BVerfG hat auch in diesen Fällen festgestellt, daß die jeweilige Regelung mit Art. 3 GG unvereinbar sei[88]. Diese Rechtsprechung ist im Hinblick auf Art. 3 GG nach dem bisher Gesagten nicht zu beanstanden; denn der Gesetzgeber hat auch hier vielfach mehrere Regelungsmöglichkeiten. Er kann die Belastung u. U. auf alle ausdehnen, sie ganz abschaffen oder die Materie völlig neu regeln[89]. Mit Rücksicht darauf, daß dem Gesetzgeber nach der Ansicht des Gerichts mindestens zwei Möglichkeiten der Neugestaltung verblieben, hat das BVerfG z. B. in BVerfGE 23, 1 davon abgesehen, die Kinderfreibetragsregelung des § 32 Abs. 2 Nr. 1 EStG a. F. für nichtig zu erklären, obwohl sie die Einkommensteuerpflichtigen gegenüber den Lohnsteuerpflichtigen benachteiligte.

Der Umstand, daß die begünstigende Vorschrift nur bestimmte Gruppen erfaßt und deshalb auf andere Fälle trotz gleicher Interessenlage nicht analog angewendet werden kann, führt dazu, daß die Nichtbegünstigten eine höhere Belastung trifft. Stellt die begünstigende Vorschrift eine Ausnahme von der allgemeinen belastenden Regelung dar, so wird den Nichtbegünstigten aufgrund der letzteren eine höhere Belastung auferlegt[90]. Es kann aber auch sein, daß für die Benachteiligten eine Sonderregelung gilt, die sie schlechter stellt als andere Gruppen. Dies war z. B. bei der Kinderfreibetragsregelung des § 32 Abs. 2 Nr. 1 EStG a. F. der Fall. Unabhängig von der Art der gesetzlichen Gestaltung liegt der Verstoß gegen Art. 3 GG aber immer in der Gesamtregelung begründet, weil sie Gleiches ohne sachlichen Grund ungleich behandelt[91].

Da die Benachteiligten aufgrund einer mit Art. 3 GG unvereinbaren Regelung zu erhöhten Steuern herangezogen werden, stellt sich mit

---

[88] BVerfGE 23, 1; 25, 101.
[89] Siehe auch *Dax*, S. 102.
[90] Vgl. BVerfGE 23, 242: Für die Bewertung des Wertpapierbesitzes ist nach der allgemeinen Regelung der gemeine Wert maßgebend; hinsichtlich der Bewertung des Grundvermögens gilt eine günstigere Ausnahmeregelung. Siehe auch BVerfGE 25, 101: Die gesetzlichen und tariflichen Zuschläge für Sonntags-, Feiertags- und Nachtarbeit waren aufgrund der Ausnahmevorschrift des § 34 a EStG steuerfrei. Vergleichbare Zuschläge für solche Arbeiten, — z. B. im Arbeitsvertrag vereinbarte Zuschläge — waren nach der allgemeinen Regelung des EStG zu versteuern.
[91] Vgl. § 7 II, 1 a.

§ 8 Entscheidung bei ausdrücklichem gesetzlichen Ausschluß 93

Rücksicht auf die Rechtsprechung des BVerfG zu Art. 2 Abs. 1 GG die Frage, ob die benachteiligende Vorschrift nicht für nichtig zu erklären ist, soweit sie diese Gruppe schlechter stellt als die übrigen Belasteten. Nach der ständigen Rechtsprechung des Verfassungsgerichts dürfen Steuern nicht aufgrund von Vorschriften erhoben werden, die weder formell noch materiell der Verfassung gemäß sind und deshalb nicht zur verfassungsmäßigen Ordnung gehören[92]. Derartige Steuernormen hat das Gericht wiederholt für nichtig erklärt. Danach müßte an sich auch eine gegen Art. 3 GG verstoßende, bestimmte Gruppen benachteiligende Steuernorm wegen Verletzung des Art. 2 Abs. 1 GG nichtig sein. Denn der allgemeine Gleichheitssatz gehört zu den „Grundbestandteilen unserer verfassungsmäßigen Ordnung"[93], so daß eine willkürlich in die allgemeine Handlungsfreiheit eingreifende Regelung materiell nicht der Verfassung gemäß ist. Das BVerfG hat jedoch in seinen Entscheidungen[94], in denen ein Steuergesetz für unvereinbar mit Art. 3 GG erklärt wurde, die belastende Norm nicht am Maßstab des Art. 2 Abs. 1 GG geprüft. Dies erklärt sich wohl daraus, daß nach der Ansicht des Verfassungsgerichts die besonderen Grundrechtsbestimmungen — auch Art. 3 GG — für ihren Bereich die Anwendung des Art. 2 Abs. 1 GG ausschließen[95], soweit eine Verletzung beider Grundrechtsnormen unter demselben Gesichtspunkt in Betracht kommt. Der Auffassung des BVerfG, daß die speziellere Grundrechtsbestimmung dem Art. 2 Abs. 1 GG vorgeht, ist zuzustimmen, soweit das speziellere Grundrecht die Freiheit der menschlichen Betätigung für bestimmte Lebensbereiche schützt. So tritt z. B. Art. 2 Abs. 1 GG hinter Art. 5 GG[96] oder Art. 12 Abs. 1 GG[97] zurück. Der Grundsatz der Spezialität gilt jedoch nicht im Verhältnis von Art. 3 zu Art. 2 Abs. 1 GG, sofern es um willkürliche Eingriffe in die allgemeine Handlungsfreiheit geht. Art. 2 Abs. 1 GG schützt nach der Rechtsprechung des BVerfG die allgemeine Handlungsfreiheit; er verbietet dem Gesetzgeber, in den Freiheitsbereich des Bürgers einzugreifen, wenn der Eingriff nicht zum Schutz der Rechte anderer erforderlich und durch die verfassungsmäßige Ordnung oder durch das Sittengesetz gedeckt ist. Art. 3 Abs. 1 GG schreibt dagegen nur die Modalitäten einer Regelung vor: ordnet der Gesetzgeber eine bestimmte Materie durch Gesetz, so muß er für wesentlich gleiche Sachverhalte die gleiche Rechtsfolge vorsehen. Die willkürliche Einschränkung der allgemeinen Handlungsfreiheit verstößt demnach stets gegen Art. 3

---

[92] Vgl. BVerfGE 23, 253 (257).
[93] Siehe *Leibholz-Rinck*, Art. 3, Anm. I m. w. N.
[94] BVerfGE 23, 1; 25, 101.
[95] Vgl. BVerfGE 19, 206 (225) m. w. N., die jedoch nicht das Verhältnis zwischen Art. 3 und Art. 2 Abs. 1 GG betreffen.
[96] BVerfGE 11, 234 (238).
[97] BVerfGE 9, 63 (73); 9, 338 (348); 10, 55 (58); 21, 227 (234); 23, 50 (55 f.).

Abs. 1 GG, weil Gleiches ungleich behandelt wird. Sie stellt aber — wie *Wittig* neuerdings dargetan hat[98] — zugleich eine Verletzung des Art. 2 Abs. 1 GG dar; denn in die allgemeine Handlungsfreiheit darf — wie übrigens in jedes Freiheitsrecht — nur aufgrund eines verfassungsgemäßen Gesetzes eingegriffen werden.

Da also auch Art. 2 Abs. 1 GG verletzt ist, muß das Verfassungsgericht prüfen, ob die bestimmte Steuerpflichtige benachteiligende Regelung nicht für nichtig zu erklären ist. Ihre Nichtigerklärung kommt nicht in Betracht, wenn die Aufrechterhaltung der belastenden Vorschrift aus besonderen Gründen geboten ist; sei es, daß ihre Kassation dem Staat die für die Erfüllung seiner Aufgaben benötigten Mittel entziehen würde[99], oder sei es, daß die begünstigende Vorschrift eine systemwidrige Ausnahme von der allgemeinen belastenden Regelung darstellt. Liegen solche Gründe nicht vor, scheidet die Nichtigerklärung mit Rücksicht auf die Gestaltungsfreiheit des Gesetzgebers auch aus, sofern dieser durch ein neues Gesetz die belastende Regelung auf die bisher Begünstigten ausdehnen kann; denn ein solches Gesetz beseitigt den Verstoß gegen Art. 2 Abs. 1 GG. Die Gleichstellung aller Gruppen auch für die Vergangenheit setzt aber voraus, daß die bisher Begünstigten noch rückwirkend belastet werden können. Dies ist eine Frage des Vertrauensschutzes[100]. Kommt eine rückwirkende Belastung noch in Betracht, darf das BVerfG nur feststellen, daß die Norm mit dem GG unvereinbar ist. Das Gericht muß die bestimmte Gruppen besonders belastende Regelung aber für nichtig erklären, sofern eine rückwirkende Belastung der bisher Begünstigten ausscheidet und die Aufrechterhaltung der Norm nicht aus Gründen des Gemeinwohls geboten ist. Das Gericht hat nämlich dem betroffenen Bürger, der sich mit der Verfassungsbeschwerde gegen die Ungleichbehandlung zur Wehr setzt, einen möglichst effektiven Grundrechtsschutz zu gewähren.

Geht man hiervon aus, so mußte das Verfassungsgericht in BVerfGE 23, 1 die Kinderfreibetragsregelung des § 32 Abs. 2 Nr. 1 EStG a. F. insoweit teilweise für nichtig erklären, als der Freibetrag Einkommensteuerpflichtigen nicht für Kinder gewährt wurde, die vor dem 1. Mai des Veranlagungszeitraums das 18. Lebensjahr vollendet hatten. Das Gericht hat hier mit Rücksicht auf die Gestaltungsfreiheit des Gesetzgebers von der Nichtigerklärung abgesehen. Es hat jedoch nicht dargetan, daß dem Gesetzgeber auch für die Vergangenheit mehrere Möglichkeiten der Gestaltung verblieben; denn in der am 13. Dezember 1967 ergangenen Entscheidung ging es um den Veranlagungszeitraum 1963.

---
[98] *Wittig*, Festschrift, S. 575 (587 ff.).
[99] Siehe auch § 7 II, 3 b FN 45.
[100] Vgl. auch BVerfGE 25, 269 (290), und *Pestalozza*, AöR 96, 27 (39 ff.).

§ 8 Entscheidung bei ausdrücklichem gesetzlichen Ausschluß 95

Es kam also im wesentlichen auf die Regelungsmöglichkeit für die Vergangenheit an. Bezüglich der Zukunft stand es dem Gesetzgeber frei, entweder die Kinderfreibetragsregelung für die Einkommensteuerpflichtigen oder die Regelung für die Lohnsteuerpflichtigen zur allgemeinen Vorschrift zu erheben. Diese Wahlmöglichkeit hätte auch die Nichtigerklärung nicht beschränkt; denn der Gesetzgeber konnte auch dann noch ein neues Gesetz erlassen. Hinsichtlich der Vergangenheit verblieb jedoch nur der Weg, die Einkommensteuerpflichtigen, deren Veranlagung noch nicht rechtskräftig war, den Lohnsteuerpflichtigen gleichzustellen. Der Gesetzgeber hat diese Gleichstellung durch das Steueränderungsgesetz 1968 vom 20. Februar 1969 (BGBl I S. 141) vorgenommen. Sie hätte aber ebensogut durch die teilweise Nichtigerklärung des § 32 Abs. 2 Nr. 1 EStG erfolgen können; denn nach § 79 Abs. 2 BVerfGG wäre die Vorschrift in der verbleibenden Fassung nur auf die noch nicht rechtskräftig abgeschlossenen Fälle anwendbar gewesen. Die Nichtigerklärung war auch zulässig. Einer rückwirkenden Belastung der Lohnsteuerpflichtigen stand das Gebot der Rechtssicherheit entgegen. Bei einer nachträglichen Erhöhung der Lohnsteuer wäre an einen abgeschlossenen Tatbestand, dem Einkommen im Jahre 1963, eine ungünstigere Rechtsfolge geknüpft worden, so daß ein Fall der echten Rückwirkung vorgelegen hätte. Einer der Gründe, die nach der Rechtsprechung des BVerfG ausnahmsweise eine echte Rückwirkung rechtfertigen[101], lag nicht vor. Daß die unveränderte Aufrechterhaltung des § 32 Abs. 2 Nr. 1 EStG aus zwingenden Gründen des öffentlichen Wohls geboten war, ist weder vom BVerfG dargetan worden noch ersichtlich. Demnach durfte und mußte das Verfassungsgericht die Vorschrift teilweise für nichtig erklären. Mit einer solchen Entscheidung hätte das Gericht nicht nur den Betroffenen einen effektiven Grundrechtsschutz gewährt, sondern auch für alle Beteiligten Rechtsklarheit geschaffen.

b) Die hier aufgezeigten Grundsätze für die verfassungsgerichtliche Entscheidung über eine ungleich belastende Steuernorm gelten auch, wenn das BVerfG über eine Vorschrift zu entscheiden hat, die willkürlich in ein spezielles Freiheitsrecht — z. B. in Art. 12 Abs. 1 GG — eingreift[102]. Wird in einem berufsregelnden Gesetz durch eine Sonderregelung nur einer bestimmten Gruppe der Zugang zu dem Beruf versperrt oder die Berufsausübung erschwert, so muß das Verfassungsgericht prüfen, ob — abgesehen von einem Verstoß gegen Art. 3 — die Regelung als solche gerechtfertigt ist. Dabei kann der Umstand, daß die Regelung nur für bestimmte Gruppen gilt und für andere nicht, ein Indiz dafür sein, daß die Vorschrift nicht sachgerecht ist und den Grund-

---

[101] Vgl. BVerfGE 13, 261 (272).
[102] Zum Verhältnis von Art. 12 zu Art. 3 GG vgl. auch *Wittig*, Festschrift, S. 575 (588).

satz der Verhältnismäßigkeit verletzt. Gelangt das Gericht zu der Überzeugung, die Einschränkung der Berufsfreiheit sei sachlich nicht geboten, muß es die Sonderregelung für nichtig erklären. Ergibt die Prüfung, daß die Beschränkung der Berufsfreiheit von der Sache her gerechtfertigt ist, sie aber an sich auch auf andere Gruppen ausgedehnt werden müßte, ist die Verfassungsbeschwerde zurückzuweisen. Es ist Aufgabe des Gesetzgebers, aus einer solchen Entscheidung die notwendigen Konsequenzen zu ziehen. Das Gericht muß also stets prüfen, ob die Eingriffsregelung unter Berücksichtigung des Wertgehalts des Art. 12 Abs. 1 GG sachlich gerechtfertigt ist oder nicht. Diese Entscheidung ist dem Gericht in der Regel auch möglich, weil die Gestaltungsfreiheit des Gesetzgebers im Rahmen des Art. 12 GG nicht sehr groß ist, besonders soweit es um Zulassungsbeschränkungen geht. Deshalb ist hier eine Entscheidung, in der allein die Unvereinbarkeit einer Norm mit dem GG festgestellt wird, nur selten zulässig. Sie muß schon deshalb die Ausnahme bleiben, weil ein effektiver Schutz der im GG verbürgten Freiheitsrechte nur gewährleistet ist, wenn das Gericht die Eingriffsnorm auf ihre sachliche Rechtfertigung hin kontrolliert und sie ggf. aufhebt. Aus diesem Grund bestehen gegen die Entscheidung in BVerfGE 25, 236 Bedenken. Das Gericht hat dort lediglich festgestellt, daß § 123 RVO i. d. F. des § 22 ZHG vom 31. März 1952 (BGBl I S. 221) Art. 12 Abs. 1 i. V. m. Art. 3 Abs. 1 GG verletzte, weil er die sog. „Restdentisten" von der Behandlung der Versicherten ausschloß, obwohl nach § 19 ZHG die „Restdentisten" die Zahnheilkunde weiterhin ausüben durften. Ob die Regelung des § 123 RVO im Hinblick auf Art. 12 Abs. 1 GG sachlich gerechtfertigt war, weil etwa die Behandlung der Versicherten durch die „Restdentisten" eine Gesundheitsgefahr dargestellt hätte, ist in dem Beschluß nicht im einzelnen nachgeprüft worden. Das Gericht hat vielmehr die Entscheidung im wesentlichen damit begründet, daß es willkürlich sei, den „Restdentisten" die weitere Ausübung der Zahnheilkunde zu gestatten, sie aber von der Behandlung der Versicherten auszuschließen. Diese Feststellung ist sicher richtig. Es fragt sich jedoch, ob das Gericht nicht die Sachgerechtheit der Ausschlußregelung im Hinblick auf Art. 12 GG prüfen und den Ausschluß ggf. für nichtig erklären mußte[103]; denn es handelte sich um eine erhebliche Beschränkung der Berufsfreiheit, welche die wirtschaftliche Existenz der Betroffenen gefährdete. Stellt das Verfassungsgericht in derartigen Fällen lediglich die Unvereinbarkeit der Norm mit dem GG fest, so bleibt der Gestal-

---

[103] Durch das Gesetz vom 27. April 1970 (BGBl I S. 415) sind die „Restdentisten" zu den Kassen zugelassen worden. Diese Neuregelung spricht dafür, daß der ursprüngliche Ausschluß wohl doch nicht gerechtfertigt war. Da die Entscheidung des BVerfG im Februar 1969 ergangen ist, mußten die Betroffenen also noch gut ein Jahr die Beschränkung ihrer Berufsfreiheit hinnehmen.

§ 9 Entscheidung bei gesetzgeberischem Unterlassen

tungsvorrang des Gesetzgebers zwar gewahrt. Es besteht aber die Gefahr, daß eine solche Entscheidung auf Kosten des Grundrechtsschutzes geht.

§ 9 Entscheidung bei gesetzgeberischem Unterlassen und konkludentem willkürlichen Begünstigungsausschluß

I. Entscheidung bei absolutem Unterlassen des Gesetzgebers

Im Rahmen der Verfassungsbeschwerde ist, wie bereits ausgeführt wurde[1], ein absolutes Unterlassen für die Entscheidung des BVerfG dann von Bedeutung, wenn — wie im Fall des Art. 33 Abs. 5 GG — ein Rechtsetzungsmonopol des Gesetzgebers besteht. Hat dieser z. B. versäumt, die unzulänglich gewordene Besoldungsregelung den veränderten Verhältnissen anzupassen, so scheidet die Nichtigerklärung der Regelung aus, weil damit die Grundlage für die Besoldung ganz entfallen würde[2]. Der von *Böckenförde*[3] für zulässig erachtete Erlaß einer Übergangsregelung durch das BVerfG kommt ebenfalls nicht in Betracht. Das Verfassungsgericht ist sowohl nach dem BVerfGG als auch nach dem GG nicht befugt, anstelle des Gesetzgebers eine gesetzliche Regelung zu erlassen[4]. Die Festsetzung der angemessenen Beamtenbesoldung ist zudem eine Entscheidung, bei der dem Gesetzgeber stets eine gewisse Gestaltungsfreiheit zukommt. Das BVerfG kann schließlich auch kein Verpflichtungs- oder Vornahmeurteil fällen, wie *Seufert* meint; denn eine solche Entscheidung darf das Gericht nach dem BVerfGG nicht erlassen[5].

Dem Gericht bleibt allein die Möglichkeit, gem. § 95 Abs. 1 BVerfGG festzustellen, daß der Beschwerdeführer durch das Unterlassen des Gesetzgebers in dem Grundrecht aus Art. 33 Abs. 5 GG verletzt ist. Das Verfassungsgericht kann nämlich die unzulängliche Besoldungsregelung auch nicht für unvereinbar mit dem GG erklären[6]. Eine solche Entscheidung würde die weitere Anwendung des bestehenden Besoldungsgesetzes ebenfalls ausschließen und damit in ihren Auswirkungen einer Nichtigerklärung gleichkommen.

---

[1] Siehe § 4 III, A 2 b.
[2] BVerfGE 8, 1 (9 f.); vgl. auch § 6 III, FN 63.
[3] *Chr. Böckenförde*, S. 132 ff.
[4] Siehe § 8 III, 1 u. 2.
[5] Vgl. § 8 I.
[6] Vgl. auch *Leibholz-Rupprecht*, Nachtrag, § 31, Rdnr. 3 a. E.

II. Entscheidung bei teilweisem gesetzgeberischen Unterlassen und konkludentem willkürlichen Begünstigungsausschluß

1. Möglichkeit der Nichtigerklärung

Bei teilweisem Unterlassen des Gesetzgebers und konkludentem willkürlichen Begünstigungsausschluß beruht die Benachteiligung des Beschwerdeführers nicht auf einem Untätigsein des Gesetzgebers, sondern auf dem vom Gesetzgeber angeordneten konkludenten Ausschluß[7]. Im Gegensatz zum absoluten gesetzgeberischen Unterlassen ist hier also eine gesetzliche Regelung vorhanden, die für nichtig erklärt werden kann. Die Nichtigerklärung des konkludenten Ausschlusses bewirkt zwar nicht, daß die bisher Ausgeschlossenen unmittelbar von der begünstigenden Norm erfaßt werden, weil diese aufgrund der besonderen Fassung des Tatbestandes nur auf die in ihr benannten Sachverhalte direkt anwendbar ist. Die Kassation des verfassungswidrigen Ausschlusses würde aber das Analogieverbot beseitigen und die Gerichte in die Lage versetzen, die begünstigende Regelung auf die bisher Ausgeschlossenen analog anzuwenden. Eine derartige Entscheidung würde demnach sicherstellen, daß die Gerichte alsbald über das Begehren des Beschwerdeführers entscheiden könnten; die Entscheidung des Rechtsstreits brauchte nicht bis zur Ergänzung des Gesetzes durch den Gesetzgeber ausgesetzt zu werden. Die verfassungsgerichtliche Feststellung, daß der Gesetzgeber durch Unterlassen Grundrechte des Beschwerdeführers verletzt hat oder die jeweilige Norm mit dem GG unvereinbar ist, erlaubt dagegen den Gerichten noch keine verfassungskonforme Rechtsfortbildung. Wie aus Art. 100 Abs. 1 GG und §§ 78, 95 Abs. 3 BVerfGG zu entnehmen ist, sind die Gerichte erst dann nicht mehr an das Analogieverbot gebunden, wenn das BVerfG dieses für ungültig, also für nichtig erklärt hat. Erst die Kassation des konkludenten Ausschlusses macht den Weg frei für eine verfassungskonforme Rechtsfortbildung.

Brinkmann[8] ist daher der Ansicht, daß ein gegen das GG verstoßender konkludenter Ausschluß stets für nichtig zu erklären sei. Nach dieser Auffassung kommt also bei teilweisem gesetzgeberischen Unterlassen und konkludentem willkürlichen Begünstigungsausschluß eine Entscheidung, in der allein die Unvereinbarkeit der Norm mit dem GG festgestellt wird, nicht in Betracht.

---

[7] Siehe § 4 II, 3; § 6 III.
[8] H. *Brinkmann*, Gesetz, S. 91 ff., 120 ff., 177; Gegenstand der Untersuchung ist das Normenkontrollverfahren nach Art. 100 Abs. 1 GG.

2. Zulässigkeit und Grenzen der Nichtigerklärung bei konkludentem Ausschluß

Gegen den Lösungsvorschlag von *Brinkmann*, den konkludenten Ausschluß in allen Fällen für nichtig zu erklären, bestehen dieselben Bedenken wie gegen die uneingeschränkte Nichtigerklärung ausdrücklicher Begünstigungsausschlüsse. Bei der Kassation eines ausdrücklichen Ausschlusses ist die Gefahr gegeben, daß das BVerfG unzulässig in den Gestaltungsvorrang und die Gestaltungsfreiheit des Gesetzgebers eingreift, indem es mit seiner Entscheidung den Geltungsbereich der begünstigenden Norm ausdehnt. Mit der Nichtigerklärung des konkludenten Ausschlusses macht das Verfassungsgericht den Weg dafür frei, daß die Gerichte und die Verwaltung die begünstigende Norm auf Fälle analog anwenden können, für die diese Regelung nach dem Willen des Gesetzgebers nicht gelten sollte. Eine solche, das Analogieverbot aufhebende Entscheidung führt dazu, daß die Gerichte durch die verfassungskonforme Rechtsfortbildung der Gestaltung des Gesetzgebers vorgreifen. Dem Gesetzgeber kann dadurch u. U. die Neuordnung der Materie erschwert werden. Zwar ist er auch bei einer Kassation des konkludenten Ausschlusses nicht gehindert, für die Zukunft eine neue Regelung zu erlassen. Bis zu dieser Neuregelung würden aber die Gerichte das für die fragliche Materie geltende Recht maßgebend gestalten. Die analoge Anwendung der begünstigenden Vorschrift auf die bisher Ausgeschlossenen kann zudem eine erhebliche Mehrbelastung der öffentlichen Haushalte zur Folge haben; denn es ist damit zu rechnen, daß nach der Kassation des konkludenten Ausschlusses durch das BVerfG alle bisher Benachteiligten einen Anspruch geltend machen werden.

Eine derartige Rechtsgestaltung durch das BVerfG und die Gerichte ist mit dem Grundsatz der Gewaltenteilung nicht vereinbar, solange dem Gesetzgeber hinsichtlich der Neuordnung der Materie noch eine gewisse Gestaltungsfreiheit verbleibt. Die Gerichte sind nach ihrer Funktion und Ausgestaltung ebensowenig wie das Verfassungsgericht in der Lage und dazu berufen, Aufgaben des Gesetzgebers wahrzunehmen[9]. Sie können und müssen zwar im Einzelfall das Recht fortbilden, sofern eine Lücke vorliegt. Das gilt vor allem dann, wenn die Gesetzeslücke auf einem verfassungswidrigen Untätigsein des Gesetzgebers beruht[10]. Diese Rechtsfortbildung unterscheidet sich aber von derjenigen, die durch die verfassungsgerichtliche Kassation des Ausschlusses ermöglicht würde. Die Rechtsschöpfung mit den herkömmlichen Mitteln richterlicher Rechtsfortbildung ist nur zulässig, wenn der Gesetzgeber bestimmte Fallgruppen, die den geregelten ähnlich sind, übersehen

---

[9] Vgl. *Hesse*, S. 219; *Lenz*, Hamann-Lenz, Einführung, D 7, 2 (S. 83).
[10] Siehe § 4 II, 2.

und deshalb nicht in die gesetzliche Regelung einbezogen hat. Der lückenausfüllende Rechtssatz ist dabei unter Berücksichtigung der gesetzlichen Wertungen zu gewinnen; die Gerichte müssen also den Willen des Gesetzgebers beachten. Mit der Kassation des konkludenten Ausschlusses und der analogen Anwendung der begünstigenden Vorschrift setzen sich das BVerfG und die Gerichte dagegen über den wirklichen Willen des Gesetzgebers hinweg, weil die Vergünstigung damit einem Personenkreis gewährt wird, den der Gesetzgeber gerade nicht begünstigen wollte. Eine derartige Rechtsfortbildung kann leicht zu einem unzulässigen Eingriff in den Gestaltungsvorrang und die Gestaltungsfreiheit des Gesetzgebers führen. Denn die Schaffung eines verfassungsgemäßen Rechtszustandes ist sowohl bei teilweisem Unterlassen des Gesetzgebers als auch bei willkürlicher Nichtbegünstigung keineswegs immer eine reine Rechtsfrage. Die rechtliche Neuordnung der Materie für die Vergangenheit und die Zukunft erfordert vielfach eine politische Entscheidung, die allein der Gesetzgeber zu fällen hat. Die Kassation eines konludenten Ausschlusses mit der Folge, daß die Gerichte die entstehende Lücke durch analoge Anwendung der begünstigenden Vorschrift zu schließen haben, ist deshalb mit Rücksicht auf den Grundsatz der Gewaltenteilung nicht uneingeschränkt zulässig. Sie kommt ebenso wie die Kassation eines ausdrücklichen Ausschlusses nur in Betracht, wenn der Gesetzgeber von Verfassungs wegen auf eine bestimmte Regelung festgelegt ist. Denn nur beim Vorliegen dieser Voraussetzung ist sichergestellt, daß das BVerfG und die Gerichte mit ihren Entscheidungen nicht in die Gestaltungsfreiheit des Gesetzgebers eingreifen.

Das Verfassungsgericht darf demnach einen konkludenten Ausschluß für nichtig erklären, wenn der Gesetzgeber verpflichtet ist, die begünstigende Regelung auf die bisher Ausgeschlossenen auszudehnen. Eine derartige Bindung ist gegeben, wenn dem einfachen Gesetzgeber durch einen hinreichend bestimmten Verfassungsauftrag und Art. 3 GG oder dem Verordnungsgeber durch die Ermächtigungsnorm in Verbindung mit einer Grundrechtsnorm eine bestimmte Gestaltung des Gesetzes vorgeschrieben ist. In diesen Fällen bestehen keine Bedenken dagegen, daß das BVerfG mit der Nichtigerklärung des verfassungswidrigen konkludenten Ausschlusses den Gerichten eine verfassungskonforme Rechtsfortbildung ermöglicht[11]. Denn die gerichtlichen Entscheidungen, die aufgrund analoger Anwendung der begünstigenden Vorschrift den bisher Ausgeschlossenen die Vergünstigung zusprechen, stellen nur klar,

---

[11] Vgl. *Bachof*, Bd. II, S. 17 f., Nr. 10, der bei einem verfassungswidrigen Ausschluß in einem vorkonstitutionellen Gesetz eine lückenschließende Rechtsfortbildung der Gerichte nur dann für zulässig erachtet, wenn lediglich eine einzige verfassungsgemäße Regelung denkbar ist.

§ 9 Entscheidung bei gesetzgeberischem Unterlassen 101

was von Verfassungs wegen zu gelten hat. Hier ist auch nicht zu befürchten, daß die Gerichte sich widersprechende Entscheidungen erlassen. Die Feststellungen des Verfassungsgerichts bezüglich der Nichtigkeit des konkludenten Ausschlusses und der nach dem GG allein maßgeblichen Rechtslage binden die Gerichte[12] (§ 31 Abs. 2 und Abs. 1 BVerfGG), so daß eine einheitliche Rechtsprechung gewährleistet ist.

Da das GG dem Gesetzgeber in der Regel nicht vorschreibt, wie eine bestimmte Materie in allen Einzelheiten durch Gesetz zu ordnen ist[13], kommt die Nichtigerklärung eines konkludenten Ausschlusses ebenso wie die eines ausdrücklichen Ausschlusses nur selten in Betracht. Als Beispiel aus der bisherigen Rechtsprechung des BVerfG ist einmal die Entscheidung in BVerfGE 16, 94 zu nennen, wo das Gericht nach der hier vertretenen Auffassung[14] einen im G 131 enthaltenen konkludenten Ausschluß für nichtig erklärt hat. Weiterhin ist auf die Entscheidung in BVerfGE 17, 122 zu verweisen[15]. In diesem Fall war der Gesetzgeber, nachdem er sich für eine bestimmte Art der Wiedergutmachung nationalsozialistischen Unrechts entschieden hatte, gehalten, allen Betroffenen die Kapitalentschädigung zu gewähren. Der konkludente Ausschluß bestimmter Gruppen von der Kapitalentschädigung war also für nichtig zu erklären. Die Kassation des konkludenten Ausschlusses war auch im Fall des „von Rohdich'schen Legatenfonds"[16] geboten; denn hier blieb dem Gesetzgeber, wie das BVerfG selbst festgestellt hat[17], nur die Möglichkeit, die ehemaligen Bediensteten dieser Stiftung des öffentlichen Rechts in den Kreis der nach dem G 131 berechtigten Personen aufzunehmen. Das Verfassungsgericht durfte sich deshalb nicht auf die Feststellung einer Grundrechtsverletzung durch gesetzgeberisches Unterlassen beschränken. Es mußte vielmehr den konkludenten Ausschluß insoweit für nichtig erklären, als er die ehemaligen Angehörigen des Legatenfonds benachteiligte. Mit einer solchen Entscheidung wäre dem Beschwerdeführer ein effektiver Schutz gewährt worden; denn das BAG, an das die Sache zurückverwiesen wurde, hätte alsbald ein dem Beschwerdeführer günstiges, verfassungsgemäßes Urteil erlassen können. Die vom BVerfG getroffene Entscheidung führte dagegen dazu, daß der Beschwerdeführer mehr als 9 Monate auf das Urteil des BAG warten mußte[18], weil das BAG den Rechtsstreit bis zur Ergänzung des G 131 durch den Gesetzgeber auszusetzen hatte.

---

[12] Zur Bindungswirkung verfassungsgerichtlicher Entscheidungen vgl. *Endemann*, Festschrift, S. 21 ff. m. w. N., insbesondere S. 22, 27, 29.
[13] Siehe § 8 IV, 1 a.
[14] Siehe § 6 I, 1 c FN 17.
[15] Siehe § 6 I, 2 b FN 26.
[16] BVerfGE 15, 46; siehe auch § 1 II, 3 FN 39.
[17] BVerfG 15, 46 (76).
[18] Siehe hierzu § 1 II, 3 FN 42.

§ 10 Zusammenfassung

Bei teilweisem Unterlassen des Gesetzgebers und willkürlichem Begünstigungsausschluß ist zwischen der begünstigenden Regelung und der den Beschwerdeführer benachteiligenden Ausschlußregelung zu unterscheiden. Der Verstoß gegen Art. 3 GG ergibt sich hier aus dem Verhältnis der beiden Regelungen zueinander; er liegt also letztlich in der Gesamtregelung begründet. Das BVerfG darf die Gesamtregelung aber nur dann für nichtig erklären, wenn der verfassungsgemäße Rechtszustand allein auf diesem Wege hergestellt werden kann. Eine solche Situation ist gegeben, sofern die begünstigende Teilregelung mit der benachteiligenden eine untrennbare Einheit bildet. In allen übrigen Fällen muß sich der Entscheidungsausspruch des Verfassungsgerichts auf die den Beschwerdeführer benachteiligende Ausschlußregelung beschränken. Auf ihr beruht nämlich das mit der Verfassungsbeschwerde angefochtene Urteil, so daß sie neben dem Urteil Gegenstand der verfassungsgerichtlichen Prüfung und Entscheidung ist.

Wird der Beschwerdeführer in einem Gesetz der gewährenden Staatstätigkeit unter Verstoß gegen das GG ausdrücklich von der Teilhabe an der Vergünstigung ausgeschlossen, so dehnt die Nichtigerklärung des Ausschlusses den Geltungsbereich der begünstigenden Regelung aus. Eine solche Entscheidung greift der Gestaltung durch den Gesetzgeber vor. Sie ist daher dem Verfassungsgericht mit Rücksicht auf den Gestaltungsvorrang und die Gestaltungsfreiheit des Gesetzgebers in der Regel untersagt. Die Nichtigerklärung des ausdrücklichen Ausschlusses ist nur zulässig, sofern der Gesetzgeber aufgrund des GG verpflichtet ist, die begünstigende Teilregelung auf die bisher Ausgeschlossenen auszudehnen. Eine derartige Bindung des Gesetzgebers ist jedoch selten. Deshalb kommt in den meisten Fällen nur eine Entscheidung in Betracht, in welcher die Unvereinbarkeit der Norm mit dem GG festgestellt wird.

Soweit in einem belastenden Gesetz einer Gruppe durch eine Sonderregelung ohne sachlichen Grund eine besondere Belastung auferlegt wird, ist außer Art. 3 GG stets auch Art. 2 Abs. 1 GG oder eines der speziellen Freiheitsrechte verletzt. Das BVerfG muß hier prüfen, ob der Schutz der verfassungsrechtlich verbürgten Freiheit nicht die Nichtigerklärung der den Beschwerdeführer besonders benachteiligenden Norm gebietet. Handelt es sich um eine Vorschrift des Steuerrechts, so scheidet eine Nichtigerklärung mit Rücksicht auf die Gestaltungsfreiheit des Gesetzgebers aus, sofern die bisher Begünstigten noch rückwirkend belastet werden können. Die Kassation der den Beschwerdeführer belastenden Regelung kommt weiterhin nicht in Betracht, wenn dadurch dem Staat die für die Erfüllung seiner Aufgaben benötigten

Mittel entzogen würden. Soweit diese Voraussetzungen nicht gegeben sind, ist die den Beschwerdeführer willkürlich besonders belastende Norm für nichtig zu erklären. Greift die gesetzliche Regelung in ein besonderes Freiheitsrecht — z. B. in das Grundrecht aus Art. 12 Abs. 1 GG — willkürlich ein, so ist stets zu prüfen, ob die Regelung im Hinblick auf den Gehalt dieses Grundrechts sachlich gerechtfertigt ist. Ist das nicht der Fall, muß das BVerfG die Norm für nichtig erklären.

Bei teilweisem Unterlassen des Gesetzgebers und konkludentem willkürlichen Begünstigungsausschluß kann das BVerfG die fehlende Regelung nicht selbst erlassen und so einen verfassungsgemäßen Rechtszustand herbeiführen. Das Gericht ist auch hier mit Rücksicht auf die Gestaltungsfreiheit des Gesetzgebers in der Regel darauf beschränkt, die Unvereinbarkeit der Regelung mit dem GG festzustellen. Soweit jedoch das GG bindend vorschreibt, daß die begünstigende Regelung auch für bestimmte, bisher ausgeschlossene Gruppen gelten muß, hat das Verfassungsgericht den konkludenten Ausschluß und damit das Analogieverbot insoweit für nichtig zu erklären. Diese Nichtigerklärung führt zu einer Lücke im Gesetz, die von den Gerichten durch analoge Anwendung der begünstigenden Vorschrift zu schließen ist.

Bei einem absoluten Unterlassen des Gesetzgebers verbleibt dem Verfassungsgericht nur die Möglichkeit, gem. § 95 Abs. 1 BVerfGG festzustellen, daß der Gesetzgeber durch ein Unterlassen Grundrechte des Beschwerdeführers verletzt hat.

Dritter Teil

Zulässigkeit und Begründetheit der Urteilsverfassungsbeschwerde bei gesetzgeberischem Unterlassen und willkürlicher Nichtbegünstigung

§ 11 Zulässigkeit der Urteilsverfassungsbeschwerde

I. Einwände im Schrifttum gegen die Zulässigkeit

Die Zulässigkeit der Urteilsverfassungsbeschwerde bei gesetzgeberischem Unterlassen und willkürlicher Nichtbegünstigung ist in den Fällen umstritten, in denen das Verfassungsgericht keine Norm für nichtig erklärt, sondern lediglich eine Grundrechtsverletzung des Beschwerdeführers festgestellt hat. Das BVerfG[1] bejaht die Zulässigkeit, weil die angefochtenen Urteile auf einem verfassungswidrigen Rechtszustand beruhten und somit Grundrechte des Beschwerdeführers verletzten[2]. Dieser Auffassung sind *Schumann*[3] und *Schmidt-Bleibtreu*[4] entgegengetreten. Sie halten die Urteilsverfassungsbeschwerde für unzulässig und verweisen den betroffenen Bürger auf die unmittelbare Anfechtung des Unterlassens. *Schumann*[5] meint, die Urteilsverfassungsbeschwerde sei deshalb nicht zulässig, weil die angefochtenen Urteile richtig seien und damit keine Grundrechte verletzen könnten. Die Entscheidungen beruhten nämlich nicht auf der verfassungswidrigen Auslegung eines gültigen Rechtssatzes und auch nicht auf der Anwendung einer nichtigen Norm; denn das Verfassungsgericht erkläre keine Norm für nichtig. *Schmidt-Bleibtreu* hält die Urteilsverfassungsbeschwerde für unzulässig, weil die gerichtlichen Entscheidungen nicht gesetzwidrig und die Gerichte nicht befugt seien, die Verfassungsverletzung anstelle des Gesetzgebers zu beseitigen. Er führt dann jedoch weiter aus, daß die Urteile aufgrund eines verfassungswidrigen Rechtszustandes ergangen seien und der Gesetzgeber sie deshalb bei einer Neuregelung der Materie für gegenstandslos erklären müsse.

---

[1] Vgl. BVerfGE 15, 46 (59 f.).
[2] Ähnlich *R. Schneider*, AöR 89, 24 (42 f.), und *Stahler*, S. 77 ff., die jedoch jedes gesetzgeberische Unterlassen als ein Untätigsein ansehen (vgl. § 4 II, 1).
[3] *Schumann*, AöR 88, 331 (337).
[4] *Schmidt-Bleibtreu*, Maunz-Sigloch, § 90, Rdnr. 158.
[5] An anderer Stelle (Verfassungsbeschwerde, S. 190 f.) vertritt er jedoch die Ansicht, eine solche Urteilsverfassungsbeschwerde sei unbegründet.

§ 11 Zulässigkeit 105

Aus den Stellungnahmen beider Autoren geht nicht klar hervor, welche konkrete Zulässigkeitsvoraussetzung einer Urteilsverfassungsbeschwerde ihrer Ansicht nach nicht erfüllt ist. Ihren Einwänden kann unter mehreren Gesichtspunkten Bedeutung zukommen. Der Hinweis auf die fehlende „Gesetzeswidrigkeit" der Urteile könnte im Hinblick auf die schlüssige Rüge einer in den Entscheidungen liegenden Grundrechtsverletzung beachtlich sein. Möglich ist aber auch, daß sie die Beschwer oder das Rechtsschutzbedürfnis für die Anfechtung der Urteile verneinen wollen. Auf diese Zulässigkeitsvoraussetzungen ist im folgenden einzugehen.

II. Schlüssige Rüge einer Grundrechtsverletzung

1. Möglichkeiten der Grundrechtsverletzung bei gerichtlichen Entscheidungen

Nach § 90 Abs. 1 BVerfGG kann jeder mit der Behauptung, durch die öffentliche Gewalt in einem seiner Grundrechte oder grundrechtsähnlichen Rechte verletzt zu sein, Verfassungsbeschwerde erheben. § 92 BVerfGG schreibt vor, daß der Beschwerdeführer das verletzte Recht und die das Recht verletzende Maßnahme zu bezeichnen hat. Aufgrund dieser Vorschriften hält das BVerfG mit Recht eine Verfassungsbeschwerde nur für zulässig[6], wenn nach dem Vorbringen des Beschwerdeführers die gerügte Verletzung seiner Grundrechte durch die angefochtene Maßnahme möglich ist. Die bloße Behauptung einer Grundrechtsverletzung genügt demnach für die Zulässigkeit nicht. Es ist im Rahmen der Zulässigkeit aber auch nicht zu prüfen, ob das Grundrecht tatsächlich verletzt ist; denn das ist eine Frage der Begründetheit. Erforderlich und ausreichend ist vielmehr die schlüssige Rüge einer Grundrechtsverletzung.

Ob der Beschwerdeführer bei gesetzgeberischem Unterlassen und willkürlicher Nichtbegünstigung schlüssig dartun kann, durch die Urteile in seinen Grundrechten verletzt zu sein, muß unter Berücksichtigung der bisherigen verfassungsgerichtlichen Rechtsprechung zur Anfechtbarkeit gerichtlicher Entscheidungen beurteilt werden. Bei der Urteilsverfassungsbeschwerde sind unmittelbarer Angriffsgegenstand die vom Beschwerdeführer angefochtenen Urteile. Diese hat das Verfassungsgericht nur daraufhin zu prüfen, ob die Gerichte bei der Entscheidung spezifisches Verfassungsrecht verletzt haben. Eine solche Verletzung ist ge-

---

[6] Vgl. BVerfGE 17, 199 (202); 20, 323 (329 f.); siehe auch *Leibholz-Rupprecht*, § 90, Rdnr. 69 m. w. N.

geben, wenn die Entscheidungen darauf beruhen, daß die Gerichte entweder bei der Rechtsauslegung bzw. Rechtsanwendung gegen Grundrechte verstoßen oder ein grundgesetzwidriges Gesetz angewendet haben[7].

2. Rüge der Grundrechtsverletzung

Geht man von der soeben geschilderten Rechtsprechung aus, so ist — ein entsprechendes Sachvorbringen des Beschwerdeführers unterstellt — sowohl bei gesetzgeberischem Unterlassen als auch bei willkürlicher Nichtbegünstigung die Zulässigkeitsvoraussetzung der schlüssigen Behauptung einer Grundrechtsverletzung erfüllt. Der Beschwerdeführer vermag stets schlüssig darzutun, daß die sein Begehren abweisenden Urteile gegen spezifisches Verfassungsrecht verstoßen.

a) Bei teilweisem Unterlassen des Gesetzgebers und in den Fällen willkürlicher Nichtbegünstigung kann der Verfassungsverstoß der Gerichte darin bestehen, daß sie eine Norm nicht verfassungskonform ausgelegt und deshalb die dem Beschwerdeführer ungünstige Entscheidung erlassen haben. Möglich ist aber auch, daß die Gerichte das Vorliegen einer Gesetzeslücke übersehen und deshalb eine gebotene verfassungskonforme Rechtsfortbildung nicht vorgenommen haben. In beiden Fällen ist, sofern der gerügte Verstoß sich in der Begründetheit herausstellt, spezifisches Verfassungsrecht bei der Entscheidung verletzt worden; denn entweder haben die Gerichte die Wertentscheidung einer bestimmten Verfassungsnorm nicht berücksichtigt oder sie haben das aus Art. 3 Abs. 1 GG folgende Gebot der gleichen Rechtsanwendung nicht beachtet.

Scheiden eine verfassungswidrige Rechtsauslegung und Rechtsanwendung aus, verletzen die Urteile die Grundrechte des Beschwerdeführers möglicherweise deshalb, weil sie aufgrund einer Norm ergangen sind, deren Verfassungswidrigkeit nach dem Vorbringen des Beschwerdeführers nicht ausgeschlossen ist. Liegt ein ausdrücklicher Ausschluß vor, beruhen die angefochtenen Urteile auf diesem. Aber auch bei einem teilweisen Unterlassen des Gesetzgebers und einem konkludenten willkürlichen Ausschluß beruhen die Urteile auf einer vom Beschwerdeführer als verfassungswidrig gerügten gesetzlichen Regelung und nicht, wie *Schneider* und *Stahler* meinen[8], auf einem Untätigsein des Gesetzgebers. Macht der Beschwerdeführer in diesen Fällen geltend, die ihn benachteiligende Regelung sei wegen Verstoßes gegen einen bestimmten Verfassungsauftrag oder gegen Art. 3 GG verfassungswidrig, so ist zugleich auch die Grundrechtsverletzung durch die Urteile schlüssig dargetan. Es kommt für die Schlüssigkeit der Rüge nicht darauf an, ob das

---

[7] Vgl. BVerfGE 11, 339 (349); 15, 219 (221 f.); 21, 209 (216).
[8] R. *Schneider*, AöR 89, 24 (42 f.); *Stahler*, S. 77 ff.

BVerfG die Norm für nichtig erklären kann. Auch wenn nur festgestellt wird, daß die Regelung mit dem GG unvereinbar ist, verletzen die auf ihr beruhenden Urteile Grundrechte des Beschwerdeführers; denn sie sprechen für den Einzelfall eine Rechtsfolge verbindlich aus, die so mit der Verfassung nicht vereinbar ist.

b) Rügt der Beschwerdeführer mit der Urteilsverfassungsbeschwerde ein seine Grundrechte oder grundrechtsähnlichen Rechte verletzendes absolutes Unterlassen des Gesetzgebers, dürfte vielfach die Grundrechtsverletzung in der Rechtsanwendung der Gerichte liegen. Diese haben nämlich möglicherweise die zulässige und gebotene verfassungskonforme Rechtsfortbildung nicht vorgenommen. Aber auch soweit den Gerichten wegen eines Rechtsetzungsmonopols des Gesetzgebers die Rechtsfortbildung untersagt ist[9], kann der Beschwerdeführer geltend machen, durch die Urteile in seinen Grundrechten verletzt zu sein. Die Urteile sind dann nämlich aufgrund eines verfassungswidrigen Rechtszustandes ergangen und deshalb verfassungswidrig[10]. Hier ist das Untätigsein des Gesetzgebers ursächlich dafür, daß eine gerichtliche Entscheidung erlassen wurde, die eine mit dem GG unvereinbare Rechtsfolge ausspricht. Die Gerichte können nämlich wegen des gesetzgeberischen Rechtsetzungsmonopols dem Bürger nicht selbst zu seinem Recht verhelfen. Sie hätten lediglich das BVerfG anrufen können; denn bei einem echten Unterlassen des Gesetzgebers ist Art. 100 Abs. 1 GG entsprechend anwendbar[11]. Da die Gerichte aber zur Sache entschieden und das Begehren des Beschwerdeführers abgewiesen haben, sind die Urteile ebenso verfassungswidrig wie Entscheidungen, die aufgrund einer verfassungswidrigen Norm ergangen sind. Damit ist auch bei einem absoluten Unterlassen des Gesetzgebers das Erfordernis der schlüssigen Rüge einer Grundrechtsverletzung erfüllt, sofern sich der Beschwerdeführer auf einen hinreichend konkreten Verfassungsauftrag beruft.

III. Beschwer

Die Verfassungsbeschwerde gegen gerichtliche Entscheidungen ist nur zulässig, wenn der Beschwerdeführer durch diese beschwert ist[12]. Hiervon geht auch das BVerfG aus; denn nach ihm ist das Rechtsschutzbedürfnis für eine Verfassungsbeschwerde u. a. nur gegeben, wenn der Beschwerdeführer durch den von ihm angefochtenen Akt der öffent-

---

[9] Siehe hierzu § 4 III, B 2 b.
[10] Ähnlich R. Schneider, AöR 89, 24 (42 f.).
[11] Siehe hierzu R. Schneider, AöR 89, 24 (43 f.); Ritter, S. 166, FN 123 m. w. N.
[12] Vgl. Bettermann, Beschwer, S. 35 ff.; Brox, Festschrift, S. 1 (5 FN 13); Schmidt-Bleibtreu, Maunz-Sigloch, § 90, Rdnr. 147 ff., 184; R. Schneider, ZZP 79, 1 (55 ff.).

lichen Gewalt unmittelbar rechtlich betroffen und damit beschwert ist[13]. Das Verfassungsgericht sieht demnach in Übereinstimmung mit der h. M.[14] die Beschwer als einen Teil des Rechtsschutzbedürfnisses an. Auf die Streitfrage, ob die Beschwer eine besondere Ausprägung bzw. ein Ausschnitt des allgemeinen Rechtsschutzbedürfnisses ist oder ob sie eine mit dem Rechtsschutzbedürfnis nicht zusammenhängende Zulässigkeitsvoraussetzung ist[15], braucht nicht eingegangen zu werden. Für die vorliegende Untersuchung ist allein von Bedeutung, daß die Zulässigkeit eines Rechtsbehelfs einmal eine Beschwer und zum anderen ein schutzwürdiges Interesse des Betroffenen an der Beseitigung der Beschwer voraussetzt[16].

Es kann hier auch dahinstehen, ob die Beschwer formell[17] oder materiell[18] zu verstehen ist. Dieser Streit ist nämlich nur für die Frage von Bedeutung, ob jemand auch dann beschwert sein kann, wenn das angefochtene Urteil seinem Antrag entspricht[19]. Um eine derartige Fallgestaltung geht es bei der hier erörterten Urteilsverfassungsbeschwerde aber nicht. Der Beschwerdeführer erhebt nämlich die Verfassungsbeschwerde, weil er zumindest in letzter Instanz nicht mit seinem Begehren durchgedrungen ist. In diesen Fällen kommen beide Meinungen hinsichtlich der Beschwer zum gleichen Ergebnis[20].

Für die Annahme einer Beschwer reicht die schlüssige Behauptung, die angefochtenen Urteile seien verfassungswidrig, nicht aus[21]. Die Beschwer ist nämlich eine objektiv zu wertende Zulässigkeitsvoraussetzung[22]. Erforderlich ist daher, daß die Urteile dem Beschwerdeführer einen rechtlichen Nachteil bringen. Dabei kommt es für die Bestimmung des rechtlichen Nachteils nicht einmal darauf an, ob die Entscheidungen tatsächlich verfassungswidrig sind; denn die Beschwer hängt nicht davon ab, ob die Urteile richtig sind oder nicht[23]. Wesentlich ist allein, ob die Rechtsstellung des Beschwerdeführers sich aufgrund der Urteile verschlechtert hat. Deshalb kann mit dem Argument *Schumanns*[24], die Urteile seien richtig, die Beschwer nicht verneint werden.

---

[13] Vgl. BVerfGE 13, 318 (324); 17, 356 (360); 18, 380 (383); 24, 289 (294 f.).
[14] Siehe hierzu *Brox*, ZZP 81, 379 (409, FN 97, 98), und *Stephan*, S. 63 ff. jeweils mit weiteren Nachweisen.
[15] Vgl. hierzu *Stephan*, S. 65 ff. m. w. N.
[16] Vgl. hierzu *Brox*, ZZP 81, 379 (409) m. w. N.
[17] So *Lent-Jauernig*, § 72 V; *Rosenberg-Schwab*, § 137 II, 3 m. w. N.
[18] Siehe *Brox*, ZZP 81, 379 ff.
[19] So auch *Bettermann*, Staatsbürger und Staatsgewalt, II, S. 449 (460 f.).
[20] Vgl. *Brox*, ZZP 81, 379 (384).
[21] So auch *R. Schneider*, ZZP 79, 1 (55).
[22] Siehe *Bettermann*, Beschwer, S. 37.
[23] Vgl. *Bettermann*, Staatsbürger und Staatsgewalt, II, S. 449 (461); *Brox*, ZZP 81, 379 (384).
[24] Siehe § 11 I, FN 5.

§ 11 Zulässigkeit 109

Geht man von diesen Grundsätzen aus, so ist der Beschwerdeführer durch die Urteile stets beschwert, weil diese sein Begehren abgewiesen haben. Hat er mit einer Leistungs- oder Verpflichtungsklage auf Teilhabe an der gesetzlichen Vergünstigung geklagt, ist ihm ein solcher Anspruch durch die Entscheidungen rechtskräftig aberkannt worden. Richtete sich die Klage gegen einen Hoheitsakt — z. B. gegen einen Steuerbescheid —, durch den ihm aufgrund einer Sonderregelung eine besondere Belastung auferlegt wurde, wird mit der rechtskräftigen Abweisung seines Aufhebungsbegehrens der Eingriff in seine Rechtssphäre bestätigt. Die Belastung bleibt also bestehen.

Die Zulässigkeit der Urteilsverfassungsbeschwerde bei gesetzgeberischem Unterlassen und willkürlichem Begünstigungsausschluß kann somit nicht wegen Fehlens der Beschwer verneint werden. Eine andere Frage ist es, ob dem Beschwerdeführer in diesen Fällen immer ein schutzwürdiges Interesse an der Aufhebung der angefochtenen Urteile zur Seite steht.

IV. Rechtsschutzbedürfnis

A. Fragestellung

Das Rechtsschutzbedürfnis für eine Urteilsverfassungsbeschwerde ist nur gegeben, wenn der Beschwerdeführer ein schutzwürdiges Interesse an einer Sachentscheidung des Verfassungsgerichts über die Urteile und damit an deren Aufhebung hat[25]. Bei der Untersuchung des Rechtsschutzbedürfnisses soll im folgenden danach unterschieden werden, ob die Urteile auf einer verfassungswidrigen Rechtsanwendung der Gerichte oder auf der Anwendung einer verfassungswidrigen Norm beruhen. Die Frage nach der Art des jeweiligen Verfassungsverstoßes ist zwar primär für die Begründetheit der Urteilsverfassungsbeschwerde und den Entscheidungsausspruch des Verfassungsgerichts von Bedeutung. Sie wird auch, da es nicht angeht, wesentliche Fragen der Begründetheit schon in der Zulässigkeitsstation zu prüfen, vielfach erst in der Begründetheit zu behandeln sein. Dennoch spielt die Art der Verfassungsverletzung bei der Zulässigkeit eine gewisse Rolle. Das BVerfG prüft nämlich in den Fällen, in denen es nur die Unvereinbarkeit einer Norm mit dem GG feststellen kann, das Rechtsschutzbedürfnis für die Anfechtung der Urteile besonders und bejaht es, weil für den Fall der Gesetzesänderung sich die Rechtskraft der Urteile u. U. nachteilig für die Beschwerdeführer auswirken könnte[26]. Demnach ist

---

[25] *R. Schneider*, ZZP 79, 1 (44); vgl. allgemein *Brox*, ZZP 81, 379 (409).
[26] Vgl. BVerfGE 22, 349 (363); siehe auch *Leibholz-Rupprecht*, § 90, Rdnr. 47 a. E., m. w. N.

die hier getroffene Unterscheidung nach der Art des jeweiligen Verfassungsverstoßes im Rahmen der Zulässigkeit zumindest insofern beachtlich, als die angefochtenen Urteile offensichtlich auf einer Norm beruhen, bei der nur die Unvereinbarkeit mit dem GG festgestellt werden kann.

B. Rechtsschutzbedürfnis für eine Urteilsverfassungsbeschwerde bei verfassungswidriger Rechtsanwendung

Das Rechtsschutzbedürfnis für die Anfechtung der Urteile ist zu bejahen, wenn die Grundrechtsverletzung in der Auslegung oder Rechtsanwendung der Gerichte liegt. Dies folgt schon daraus, daß der Beschwerdeführer mit Aufhebung der Urteile und Zurückverweisung der Sache an das zuständige Gericht aufgrund einer neuen, nunmehr verfassungsgemäßen Entscheidung alsbald in den Genuß der begehrten Vergünstigung gelangt oder die Beseitigung der ihm auferlegten Belastung erreicht. Auf ein Handeln des Gesetzgebers braucht hier nicht gewartet zu werden. Würden die Urteile nicht angefochten und aufgehoben, hätte der Beschwerdeführer keine Möglichkeit mehr, seine Rechte durchzusetzen. Einer neuen Klage, die ihm zu seinem Recht verhelfen oder zumindest den Weg zum BVerfG erneut eröffnen würde, stünde die Rechtskraft der abweisenden Urteile entgegen. Das gilt selbst dann, wenn die Rechtsprechung später zu der verfassungskonformen, dem Beschwerdeführer günstigen Rechtsauslegung übergeht oder das BVerfG nach § 31 Abs. 2 Satz 2 BVerfGG n. F. in einer anderen Sache mit Gesetzeskraft feststellt, daß die angewandte Norm in einem dem Betroffenen günstigen Sinne verfassungskonform auszulegen ist. Nach fast einhelliger Ansicht beseitigt nämlich ein Wechsel der Rechtsprechung die Wirkungen rechtskräftiger Entscheidungen nicht[27]. Dem ist zuzustimmen; denn eine Durchbrechung der Rechtskraft bei einem Wechsel der Rechtsprechung würde die mit der Rechtskraft angestrebte Rechtssicherheit beeinträchtigen. Stellt das Verfassungsgericht die verfassungskonforme Auslegung einer Norm nach § 31 Abs. 2 Satz 2 BVerfGG mit Gesetzeskraft fest[28], so folgt auch aus § 79 Abs. 2 BVerfGG

---

[27] Vgl. *Bachof*, Bd. II, Nr. 206; *Grunsky*, S. 448 f. m. w. N.; *Schumann-Leipold*, Stein-Jonas, § 322, Anm. X 7; RGZ 125, 159 (162). Auch das BVerwG, das in BVerwGE 17, 256 noch anderer Ansicht zu sein schien, hat nunmehr klargestellt, daß ein Wechsel der Rechtsprechung dem Bürger keinen Anspruch auf Neubescheidung gibt (vgl. MDR 1968, 267 f.; 1970, 951 f.).

[28] Die Änderung des § 31 Abs. 2 BVerfGG soll auch die Feststellung der verfassungskonformen Auslegung einer Norm im Entscheidungstenor ermöglichen. Vgl. Min.Dir. *Bahlmann*, Stenographisches Protokoll der 23. Sitzung des Rechtsausschusses am 5. November 1970, S. 43, zu § 31; *Dietlein*, DVBl 1971, 125 (130).

§ 11 Zulässigkeit

und einem Vergleich dieser Vorschrift mit § 79 Abs. 1 BVerfGG n. F., daß der mit seinem Begehren rechtskräftig abgewiesene Bürger nicht erneut klagen kann. Nach § 79 Abs. 2 BVerfGG bleiben die auf einer für nichtig erklärten Norm beruhenden unanfechtbaren Entscheidungen unberührt; die Vollstreckung aus ihnen ist jedoch unzulässig. Der Gesetzgeber hat damit für den Fall der Nichtigerklärung einer Norm der Rechtssicherheit den Vorrang vor der materiellen Gerechtigkeit eingeräumt. Wird aber selbst durch die Nichtigerklärung einer Norm die auf ihr beruhende rechtskräftige Entscheidung nicht berührt, so muß dasselbe erst recht für den Fall gelten, daß lediglich der verfassungskonforme Inhalt einer Vorschrift festgestellt wird[29]. Dieses Ergebnis wird durch einen Vergleich mit § 79 Abs. 1 BVerfGG n. F. bestätigt. Nach dieser Bestimmung ist nunmehr gegen ein Strafurteil die Wiederaufnahme des Verfahrens zulässig, wenn das Urteil auf einer vom BVerfG für verfassungswidrig erklärten Auslegung einer Norm beruht. Da der Gesetzgeber aus konkretem Anlaß[30] die Feststellung der verfassungskonformen Auslegung einer Norm nur bei Strafurteilen als Wiederaufnahmegrund anerkannt hat, ist davon auszugehen, daß in allen anderen Fällen eine solche Feststellung die Rechtskraftwirkung gerichtlicher Entscheidungen nicht berührt.

Soweit also die Verfassungswidrigkeit der angefochtenen Urteile auf einer gegen das GG verstoßenden Rechtsauslegung bzw. Rechtsanwendung beruht, droht dem Beschwerdeführer ohne die Aufhebung der Entscheidungen ein endgültiger Rechtsverlust. Deshalb ist in diesen Fällen das Rechtsschutzbedürfnis für die Urteilsverfassungsbeschwerde gegeben.

**C. Rechtsschutzbedürfnis für eine Urteils-
verfassungsbeschwerde bei gesetzgeberischem Unterlassen
und willkürlichem Begünstigungsausschluß**

1. Meinungsstand und Problemstellung

Richtet sich die Urteilsverfassungsbeschwerde gegen ein nicht durch Rechtsfortbildung zu überwindendes Unterlassen des Gesetzgebers oder gegen einen willkürlichen Begünstigungsausschluß und kommt möglicherweise nur die Feststellung einer Grundrechtsverletzung in Betracht, so bejaht das BVerfG das Rechtsschutzbedürfnis mit folgender Begründung[31]: Dem Beschwerdeführer solle die Chance erhalten werden, an einer etwaigen Erweiterung der begünstigenden Regelung teil-

---
[29] Ähnlich auch BVerfGE 20, 230 (235).
[30] Vgl. Abg. Dr. *Arndt*, Vhdlg. des Dt. BT, 6. WP, 81. Sitzung, S. 4597 A.
[31] Vgl. BVerfGE 22, 349 (363) m. w. N.; 23, 1 (11 f.).

zuhaben, ohne daß ihm die Rechtskraft der abweisenden Urteile entgegengehalten werden könne. Die Befürchtung des Verfassungsgerichts, daß nach der Gesetzesänderung einer neuen Klage des Beschwerdeführers die Rechtskraft der abweisenden Urteile entgegenstehen könne, wird von *Schneider*[32] und *Stahler*[33] nicht geteilt. Beide Autoren sind zudem der Ansicht, daß ein Unterlassen des Gesetzgebers und auch ein konkludenter willkürlicher Ausschluß, den sie als einen Fall des gesetzgeberischen Unterlassens ansehen, unbefristet mit der Verfassungsbeschwerde unmittelbar angefochten werden könnten[34].

Folgt man der letzteren Auffassung, so stellt sich die Frage, ob das Rechtsschutzbedürfnis für eine Urteilsverfassungsbeschwerde nicht deshalb zu verneinen ist, weil der Betroffene jederzeit auch durch eine unmittelbare Anfechtung des Unterlassens die Beseitigung seiner Benachteiligung durch den Gesetzgeber erreichen kann. *Schneider* und *Stahler* verneinen das Rechtsschutzbedürfnis für eine Urteilsverfassungsbeschwerde jedoch nicht, sondern halten sowohl die Unterlassens-[35] als auch die Urteilsverfassungsbeschwerde für zulässig. Sollten beide Anfechtungsmöglichkeiten zur Wahl des Bürgers stehen, so könnte das Rechtsschutzbedürfnis für die Urteilsverfassungsbeschwerde aber fehlen, wenn die Rechtsnorm- und Unterlassensverfassungsbeschwerde als der einfachere und billigere Weg zur Durchsetzung der Grundrechte anzusehen wäre[36]. Eine Beschränkung der Wahl ist jedoch nur zulässig, falls beide Wege wirklich zu gleichen Ergebnissen führen[37] und die Unterlassensverfassungsbeschwerde sich von der Urteilsverfassungsbeschwerde durch ihre Einfachheit und Billigkeit eindeutig und erheblich unterscheidet. Hierauf ist im folgenden einzugehen.

Zuvor muß jedoch geprüft werden, ob beide Wege stets nebeneinander gegeben sind. Soweit nämlich die unmittelbare Anfechtung des gesetzgeberischen Unterlassens nicht möglich ist, muß die Urteilsverfassungsbeschwerde zulässig sein. Der Bürger hätte sonst keine Möglichkeit, bei einer Verletzung seiner Grundrechte durch Unterlassen des Gesetzgebers verfassungsgerichtlichen Schutz zu erlangen. Das GG und das BVerfGG wollen aber dem Einzelnen einen effektiven Schutz seiner Grundrechte garantieren.

---

[32] *R. Schneider*, AöR 89, 24 (54 ff.); ähnlich *Schumann*, AöR 88, 331 (342 f.).
[33] *Stahler*, S. 86 ff.
[34] *R. Schneider*, AöR 89, 24 (38); *Stahler*, S. 95.
[35] Zum Begriff vgl. § 1 I, 2 FN 30.
[36] Zur Beschränkung der Wahl bei mehreren Rechtsschutzmöglichkeiten vgl. *Baumbach-Lauterbach*, § 253 Grundzüge, Anm. 5 A; *Pohle*, Festschrift, S. 195 (222 ff.); *Stephan*, S. 35 f. m. w. N.
[37] Vgl. *Pohle*, a.a.O.; *Grunsky*, S. 341.

2. Grenzen der unmittelbaren Anfechtung eines gesetzgeberischen Unterlassens und eines willkürlichen Begünstigungsausschlusses

Hat der Gesetzgeber durch eine Rechtsnorm Grundrechte des Bürgers verletzt, so stehen diesem u. U. zwei Wege zur Verfügung[38], um verfassungsgerichtlichen Rechtsschutz zu erlangen. Soweit die Norm den Einzelnen selbst, gegenwärtig und unmittelbar betrifft, kann er sie binnen eines Jahres seit ihrem Inkrafttreten unmittelbar anfechten[39]. Aufgrund einer solchen Verfassungsbeschwerde wird nur über die Verfassungsmäßigkeit der Norm entschieden. Der Bürger kann aber auch warten, bis ein auf der Norm beruhender Akt der Behörden oder der Gerichte ihm gegenüber ergeht, und dann diesen Hoheitsakt anfechten. In diesem Fall wird im Rahmen der Prüfung des Einzelaktes auch die ihm zugrunde liegende Norm auf ihre Vereinbarkeit mit dem GG untersucht. Stellt sich hier heraus, daß die Norm gegen das GG verstößt, so sind stets auch die angefochtenen Entscheidungen verfassungswidrig und nach § 95 Abs. 2 BVerfGG aufzuheben. Ist die Jahresfrist für die unmittelbare Anfechtung der Norm verstrichen, so bleibt dem Bürger nur der Weg der Urteilsverfassungsbeschwerde. Die Frist des § 93 Abs. 2 BVerfGG ist nämlich eine Ausschlußfrist[40]; nach Ablauf eines Jahres seit ihrem Inkrafttreten sollen Gesetze einer unmittelbaren Anfechtung entzogen sein.

Bei teilweisem Unterlassen des Gesetzgebers, verfassungswidrigem Begünstigungsausschluß und willkürlichem Begünstigungsausschluß ist — soweit nicht eine Gesetzeslücke vorliegt — immer eine Regelung des Gesetzgebers gegeben, die den Beschwerdeführer benachteiligt. Es liegt entweder ein ausdrücklicher oder ein konkludenter Ausschluß vor. Deshalb ist in diesen Fällen eine unbefristete unmittelbare Anfechtung der jeweiligen Regelung ausgeschlossen. Daß bei teilweisem Unterlassen des Gesetzgebers und konkludentem willkürlichen Begünstigungsausschluß die Jahresfrist des § 93 Abs. 2 BVerfGG zu beachten ist, weil es um die Anfechtung einer gesetzlichen Regelung geht, entspricht auch der Auffassung des BVerfG[41]. Das Verfassungsgericht hat z. B. bei einem Gesetz, welches den Kreis der Begünstigten abschließend aufzählte und dadurch den Beschwerdeführer konkludent ausschloß, die unmittelbar gegen das Gesetz gerichtete Verfassungsbeschwerde wegen Versäumung der Anfechtungsfrist als unzulässig verworfen. Entgegen der Ansicht

---

[38] Vgl. BVerfGE 9, 338 (342) m. w. N.
[39] §§ 90 Abs. 1, 93 Abs. 2 BVerfGG; vgl. BVerfGE 1, 97 (101); 18, 310 (313) m. w. N.
[40] BVerfGE 4, 309 (313 f.).
[41] BVerfGE 13, 284 (287); 15, 126 (132).

von *Schneider* und *Stahler* sind also auch bei teilweisem gesetzgeberischen Unterlassen und konkludentem willkürlichen Begünstigungsausschluß die Unterlassens- und die Urteilsverfassungsbeschwerde nicht immer nebeneinander gegeben.

Eine Norm kann nach der Rechtsprechung des BVerfG[42] nur direkt angefochten werden, wenn sie den Bürger selbst, unmittelbar und gegenwärtig trifft. Soweit die Durchführung der Rechtsnorm notwendig oder nach der tatsächlichen Verwaltungspraxis einen Vollzugsakt voraussetzt, ist nur dieser und nicht die Norm direkt anfechtbar. Dadurch wird die Wahlmöglichkeit zwischen der Unterlassens- und Urteilsverfassungsbeschwerde weiter eingeschränkt.

Ist nach einfachem Recht zweifelhaft, ob der Beschwerdeführer durch die Regelung betroffen ist, muß er den Rechtsweg ausschöpfen. Denn aus der Subsidiarität der Verfassungsbeschwerde folgt, daß der betroffene Bürger Auslegungsfragen zunächst durch Anrufung der zuständigen Gerichte klären lassen muß[43]. Die Erschöpfung des Rechtswegs ist im Hinblick auf eine Entlastung des Verfassungsgerichts vor allem bei teilweisem Unterlassen des Gesetzgebers und in den Fällen der willkürlichen Nichtbegünstigung geboten. Da hier durch eingehende Auslegung zu prüfen ist, ob eine Lücke oder ein konkludenter Ausschluß vorliegt, ist in der Regel zunächst von den zuständigen Gerichten zu klären, ob dem Bürger im Wege der Rechtsfortbildung geholfen werden kann. Dieser Auffassung ist auch das BVerfG; denn in der Entscheidung BVerfGE 29, 277 hat es eine unmittelbar gegen ein Gesetz gerichtete Verfassungsbeschwerde als unzulässig verworfen, weil zunächst einmal die zuständigen Gerichte das Vorliegen einer Gesetzeslücke und die Möglichkeit ihrer Ausfüllung untersuchen sollten.

Lediglich bei einem absoluten Unterlassen des Gesetzgebers, das als ein fortdauernd verletzender Akt der öffentlichen Gewalt anzusehen ist und deshalb unbefristet angefochten werden kann[44], sind die beiden Anfechtungsmöglichkeiten immer nebeneinander gegeben.

3. Interesse des Beschwerdeführers an der Aufhebung der angefochtenen Urteile

Ist nach dem bisher Gesagten einer Rechtsnorm- oder Unterlassensverfassungsbeschwerde wegen Nichtablaufs der Anfechtungsfrist noch möglich, könnte das Rechtsschutzbedürfnis für eine Urteilsverfassungs-

---

[42] Vgl. Nachweise bei *Leibholz-Rupprecht*, § 90, Rdnr. 30 ff.
[43] BVerfGE 14, 260 (263); 29, 277 (281 f.); zustimmend auch *R. Schneider*, ZZP 79, 1 (33).
[44] Vgl. BVerfGE 6, 257 (264).

beschwerde nur verneint werden, sofern die unmittelbare Anfechtung der benachteiligenden Regelung oder des gesetzgeberischen Unterlassens dem Betroffenen die gleiche Rechtsposition verschafft wie die Urteilsverfassungsbeschwerde.

a) Unter diesem Gesichtspunkt ist das Rechtsschutzbedürfnis für die Urteilsverfassungsbeschwerde sicher gegeben, wenn die Möglichkeit besteht, daß das Verfassungsgericht die benachteiligende Regelung für nichtig erklärt. Bei Kassation der Ausschlußregelung wird sich die Rechtsposition des Beschwerdeführers durch die Aufhebung der angefochtenen Urteile schon deshalb unmittelbar verbessern, weil alsbald nach Zurückverweisung der Sache an das zuständige Gericht eine dem Beschwerdeführer günstige Entscheidung ergehen kann. Würde der Betroffene nur die Rechtsnorm anfechten, blieben die Urteile bestehen und eine neue Klage auf Teilhabe an der Vergünstigung auch für die Vergangenheit wäre wegen der Rechtskraft der Entscheidungen nach § 79 Abs. 2 BVerfGG ausgeschlossen. Dasselbe gilt, wenn gegenüber dem Bürger aufgrund einer bestimmte Gruppen besonders benachteiligenden Regelung in einem belastenden Gesetz ein Hoheitsakt ergangen ist. Ist der Hoheitsakt bereits vollzogen, hat der Betroffene nur dann eine Chance, daß die Belastung rückgängig gemacht wird, wenn er auch den Hoheitsakt und die ihn bestätigenden Urteile anficht. Das genügt, um das Rechtsschutzbedürfnis zu bejahen.

Die Frage, ob die den Bürger benachteiligende Regelung tatsächlich für nichtig zu erklären ist, gehört nicht in die Prüfung der Zulässigkeit, sondern in die der Begründetheit. Deshalb ist die Zulässigkeit der Urteilsverfassungsbeschwerde schon zu bejahen, wenn eine Nichtigerklärung nicht offensichtlich ausgeschlossen ist.

b) Scheidet die Kassation der benachteiligenden Regelung offensichtlich aus, was vor allem bei einem Verstoß allein gegen Art. 3 Abs. 1 GG in Betracht kommt, so stellt das BVerfG für das Rechtsschutzbedürfnis darauf ab, daß die Rechtskraft der abweisenden Urteile einer neuen Klage entgegenstehen könnte, falls der Gesetzgeber das Gesetz zugunsten des Beschwerdeführers ändert. In der Literatur sind die Auffassungen zu dieser Frage geteilt[45]. Nach einhelliger Ansicht — diesen Fall hat das BVerfG aber auch nicht im Auge — steht die Rechtskraft einer neuen Klage nicht entgegen, wenn das neue Gesetz rückwirkend in Kraft tritt und nach dem Willen des Gesetzgebers auch für die rechtskräftig abgeschlossenen Fälle gilt[46]. Dabei braucht die

---

[45] Für die Zulässigkeit einer neuen Klage: *R. Schneider*, AöR 89, 24 (55 f.); *Stahler*, S. 86 ff.; dagegen: *Habscheid*, ZZP 78, 402 (434).
[46] Vgl. RGZ 147, 385 (390); BGHZ 3, 82 (84); BFHE 66, 575; *Grunsky*, S. 448 f.; *Habscheid*, ZZP 78, 401 (416 ff.); *Schumann-Leipold*, Stein-Jonas, § 322, Anm. X 7; *Kornblum*, JZ 1962, 654 ff. m. w. N.

Rückwirkung nicht ausdrücklich angeordnet zu sein; es genügt, wenn sie sich aus dem Sinn der Neuregelung ergibt. Die Beseitigung der Wirkungen rechtskräftiger Urteile durch rückwirkendes Gesetz ist jedoch nicht unbeschränkt zulässig[47]. Soweit sie klageabweisende Urteile betrifft — um solche Urteile geht es hier im wesentlichen —, sind ihr Grenzen durch das Rechtsstaatsprinzip gesetzt; denn die rechtskräftige Entscheidung schafft für die obsiegende Partei einen Vertrauenstatbestand. Das gilt besonders, wenn die Neuregelung das Rechtsverhältnis zwischen Privatpersonen betrifft. Werden die Urteile aber aufgrund der Verfassungsbeschwerde aufgehoben, so wird dieser Vertrauenstatbestand beseitigt; eine Rückwirkung der Neuregelung ist eher möglich. Damit erhöht sich für den Beschwerdeführer die Aussicht, an der Neuregelung teilzuhaben. Erklärt das BVerfG die Norm nur für unvereinbar mit dem GG, so braucht der Gesetzgeber — wie bereits ausgeführt wurde[48] — nicht in allen Fällen die bisherige günstige Regelung auf die Ausgeschlossenen auszudehnen. Regelt er die Materie neu, kann er der Rechtssicherheit den Vorrang vor der materiellen Gerechtigkeit einräumen und die rechtskräftig abgeschlossenen Fälle von der Neuregelung ausnehmen. Nur wenn die Urteile aufgehoben werden, hat der Beschwerdeführer also eine Chance, an der Neuregelung teilzuhaben, sofern diese lediglich für noch nicht abgeschlossene Fälle rückwirkend in Kraft tritt. Schon aus diesem Grund ist ein schutzwürdiges Interesse des Beschwerdeführers an der Aufhebung der Urteile anzuerkennen.

Das Problem, ob die Rechtskraft der abweisenden Urteile einer neuen Klage nach Änderung des Gesetzes entgegensteht, braucht hier nicht abschließend geklärt zu werden. Eine Einschränkung der Wahl zwischen Unterlassens- und Urteilsverfassungsbeschwerde mit Rücksicht auf das Rechtsschutzbedürfnis käme nur in Betracht, wenn die Urteilsverfassungsbeschwerde für das BVerfG eine größere Belastung mit sich brächte als die Unterlassensverfassungsbeschwerde. Die Beschränkung des Bürgers auf den einfacheren von zwei zur Wahl stehenden Rechtsbehelfen soll nämlich in erster Linie eine unnötige Arbeitsbelastung der Gerichte verhindern[49]. Die Urteilsverfassungsbeschwerde führt gegenüber der Unterlassensverfassungsbeschwerde aber nicht zu einer Mehrbelastung des Verfassungsgerichts. Dieses muß in beiden Fällen prüfen, ob die Norm bzw. das Unterlassen des Gesetzgebers mit dem GG vereinbar ist oder nicht. Stellt es insoweit einen Verstoß gegen das GG fest, so folgt daraus, daß auch die Urteile, die das Begehren des Beschwerdeführers wegen Fehlens einer ihn begünstigenden Norm

---
[47] Vgl. *Habscheid*, ZZP 78, 401 (423 ff.); *Grunsky*, S. 448 f. m. w. N.
[48] Siehe § 8 IV, 1 b.
[49] Vgl. *Pohle*, Festschrift, S. 195 (222 f.); *Grunsky*, S. 339, 341.

abgewiesen haben, verfassungswidrig und nach § 95 Abs. 2 BVerfGG aufzuheben sind.

Die Aufhebung der angefochtenen Urteile sichert, wie bereits erwähnt wurde, die Rechtsposition des Beschwerdeführers. Dieser braucht nicht erneut um die Gewährung der Vergünstigung nachzusuchen, weil eine ihm günstige Gesetzesänderung in dem noch schwebenden Verfahren zu beachten ist. Die Gefahr, daß ihm — und sei es auch nur irrtümlicherweise — die Rechtskraft der abweisenden Urteile entgegengehalten wird, besteht nicht. Schließlich ist auch zu bedenken, daß nur bei einer Anfechtung und Aufhebung der Urteile für den Beschwerdeführer die Chance besteht, die Kosten des Rechtsstreits ganz oder teilweise erstattet zu erhalten[50]. Würde man die Anfechtung der Urteile ausschließen und blieben diese deshalb bestehen, so müßte der Beschwerdeführer die Kosten stets allein tragen. Schutzwürdige Belange des Prozeßgegners, der im instanzgerichtlichen Verfahren obsiegt hat, werden durch die Zulassung der Urteilsverfassungsbeschwerde und die Aufhebung der Urteile nicht verletzt. Soweit eine rückwirkende Änderung des Gesetzes zu seinen Ungunsten zulässig ist, genießt er keinen Vertrauensschutz. Er durfte sich dann nicht auf die verfassungswidrige Rechtslage verlassen und davon ausgehen, daß die Urteile bestehen bleiben würden. Schutzwürdige Interessen des Prozeßgegners werden in diesem Fall auch nicht dadurch beeinträchtigt, daß der Rechtsstreit bis zur Neuregelung der Materie durch den Gesetzgeber auszusetzen ist. Es ist zwar allgemein anerkannt[51], daß die Gerichte einen Rechtsstreit nicht wegen einer zu erwartenden Gesetzesänderung aussetzen dürfen. Das kann aber nur für die Fälle gelten, in denen die bestehende Rechtslage nicht gegen das GG verstößt. Hier hat der Prozeßgegner einen Anspruch darauf, daß der entscheidungsreife Rechtsstreit nach dem ihm günstigen geltenden Recht entschieden wird. Bei gesetzgeberischem Unterlassen und willkürlichem Begünstigungsausschluß ist jedoch die bestehende Rechtslage mit dem GG unvereinbar. Deshalb kann der Prozeßgegner nicht verlangen, daß alsbald entschieden und damit ein gegen das GG verstoßendes Urteil erlassen wird.

Demnach ist das Rechtsschutzbedürfnis für die Urteilsverfassungsbeschwerde bei gesetzgeberischem Unterlassen und willkürlichem Begünstigungsausschluß auch dann gegeben, wenn die Unterlassensverfassungsbeschwerde möglich ist. Gegen die Zulässigkeit einer solchen

---

[50] Zur Kostenentscheidung für den Fall, daß während des Rechtsstreits die entscheidungserhebliche Norm für nichtig erklärt wird, vgl. BGH MDR 1965, 191; BVerwG DÖV 1966, 654 f.; OVG Münster NJW 1966, 2377; *Menger-Erichsen*, VerwArch 58, 185 m. w. N.
[51] Siehe BVerwG NJW 1962, 1170 m. w. N.; *Redeker-v. Oertzen*, § 94, Rdnr. 1; *Rosenberg-Schwab*, § 62 III, 4; *Stein-Jonas-Pohle*, § 148, Anm. I, 3 c.

Urteilsverfassungsbeschwerde bestehen also entgegen der Ansicht von *Schumann* und *Schmidt-Bleibtreu*[52] keine Bedenken.

§ 12 Fragen der Begründetheit und des Entscheidungsausspruchs bei der Urteilsverfassungsbeschwerde

I. Grundrechtsverletzung durch fehlerhafte Rechtsanwendung der Gerichte

1. Verfassungsgerichtliche Prüfung der angefochtenen Urteile

Im Rahmen der Begründetheit muß das Verfassungsgericht bei gesetzgeberischem Unterlassen und willkürlicher Nichtbegünstigung zunächst prüfen, ob die angefochtenen Urteile deshalb Grundrechte verletzen, weil die Gerichte bei der Auslegung und Anwendung des einfachen Rechts die Wertentscheidungen des GG nicht beachtet haben. Der Verstoß kann darin liegen, daß eine gebotene Rechtsfortbildung nicht vorgenommen oder ein ausdrücklicher Ausschluß nicht einschränkend ausgelegt wurde.

Das heißt nun aber nicht, daß die Urteilsverfassungsbeschwerde immer begründet ist, wenn die Gerichte eine mögliche Analogie wegen irrtümlicher Annahme eines Analogieverbots abgelehnt oder eine Ausschlußregelung nicht einschränkend ausgelegt haben. Das BVerfG hat nicht wie ein Revisionsgericht die richtige Anwendung des einfachen Rechts zu prüfen[1]. Seine Prüfung muß sich darauf beschränken, ob die Gerichte spezifisches Verfassungsrecht verletzt haben. Ein solcher Verstoß braucht aber keineswegs immer vorzuliegen, wenn eine nach der objektiven Rechtslage zulässige Analogie oder einschränkende Auslegung unterblieben ist. In diesen Fällen ist vielmehr — worauf *Schumann* schon hingewiesen hat[2] — danach zu unterscheiden, ob die nach einfachem Recht falsche Auslegung des Richters zu einem Ergebnis führt, das der Gesetzgeber ohne Verstoß gegen das GG als gesetzliche Regelung hätte vorsehen können, oder ob das Ergebnis der Auslegung, falls der Gesetzgeber es angeordnet hätte, gegen die Verfassung verstoßen würde. Nur im letzteren Fall hat die Urteilsverfassungsbeschwerde Erfolg; denn hier verstößt die unterlassene Analogie bei einer teleologischen Gesetzeslücke oder die nicht vorgenom-

---

[52] Vgl. § 11 I, FN 3 u. 4.
[1] Vgl. BVerfGE 21, 209 (216) m. w. N.
[2] *Schumann*, Verfassungsbeschwerde, S. 204 ff. (206 f., 219) m. w. N.; ähnlich *Wittig*, Festschrift, S. 575 (584 f.).

mene Einschränkung eines willkürlichen Begünstigungsausschlusses gegen Art. 3 Abs. 1 GG oder eine seiner Konkretisierungen. So wie dem Gesetzgeber im Rahmen des Art. 3 Abs. 1 GG eine weitgehende Gestaltungsfreiheit eingeräumt ist, muß auch den Gerichten — vor allem in den Fällen willkürlicher Nichtbegünstigung — ein ähnlicher Spielraum hinsichtlich der Auslegung eingeräumt werden. Das bedeutet, daß die Urteilsverfassungsbeschwerde unbegründet ist, sofern sich für das Ergebnis der gerichtlichen Auslegung noch ein sachlicher Grund finden läßt, mag die Auslegung auch nach einfachem Recht falsch sein und eine andere Auslegung dem Art. 3 GG mehr entsprechen. Denn eine Grundrechtsverletzung liegt nicht vor, wenn die Anwendung des einfachen Rechts durch den Richter zu einem Ergebnis führt, über dessen Richtigkeit sich streiten läßt[3].

2. Entscheidung des Bundesverfassungsgerichts

Ist die Urteilsverfassungsbeschwerde begründet, weil die Gerichte bei der Auslegung und Anwendung des einfachen Rechts gegen das GG verstoßen haben, so stellt das Verfassungsgericht nach § 95 Abs. 1 BVerfGG in seiner Entscheidung fest, welche Vorschrift des GG durch die Urteile verletzt wurde. Außerdem hat es nach § 95 Abs. 2 BVerfGG die angefochtenen Urteile aufzuheben und die Sache an ein zuständiges Gericht zurückzuverweisen. Soweit sich herausstellt, daß noch tatsächliche Feststellungen erforderlich sind, sollte zur Beschleunigung des Verfahrens die Sache an die zuständige Tatsacheninstanz zurückverwiesen werden. Das zuständige Gericht kann dann alsbald eine mit dem GG vereinbare Entscheidung treffen.

Bei einem ausdrücklichen oder konkludenten Ausschluß muß das BVerfG außerdem nach § 31 Abs. 2 BVerfGG n. F. einen Ausspruch über die verfassungskonforme Auslegung der Norm in den Tenor aufnehmen[4]. Liegt ein ausdrücklicher Ausschluß vor, ist im Tenor klarzustellen, daß die Gruppe, welcher der Beschwerdeführer angehört, von der Ausschlußregelung nicht erfaßt wird. Handelt es sich um einen konkludenten Ausschluß, muß das Gericht im Tenor aussprechen, daß die Gruppe des Beschwerdeführers nicht ausgeschlossen ist; denn dieser Tenor macht deutlich, daß die bestehende Regelung eine durch Analogie zu schließende Lücke aufweist. Das Verfassungsgericht hat sich bei der Feststellung des verfassungskonformen Inhalts einer Norm auf ihre Auslegung im Hinblick auf den vorliegenden Sachverhalt zu beschränken. Nur insoweit kann nämlich das Gericht aufgrund der Anschauung

---

[3] So BVerfGE 19, 290 (303).
[4] So auch *Dietlein*, DVBl 1971, 125 (130); *Rupprecht*, NJW 1971, 169 (170 f.).

des Sachverhalts den verfassungsgemäßen Inhalt der Vorschrift sicher konkretisieren. Bei einer über den vorliegenden Sachverhalt hinausgehenden Feststellung besteht die Gefahr, daß unzulässigerweise über den Inhalt des Gesetzes verfügt wird.

Die Feststellung des verfassungskonformen Inhalts einer Norm erlangt Gesetzeskraft (§ 31 Abs. 2 Satz 2 BVerfGG).

II. Entscheidung über die Urteilsverfassungsbeschwerde bei ausdrücklichem und konkludentem Ausschluß

Richtet sich die Verfassungsbeschwerde mittelbar gegen einen ausdrücklichen oder konkludenten Ausschluß, der jedoch mit dem GG vereinbar ist, so ist die Urteilsverfassungsbeschwerde abzuweisen. Nach § 31 Abs. 2 BVerfGG n. F. muß in diesem Fall im Tenor festgestellt werden, daß die mittelbar angefochtene Norm verfassungsgemäß ist[5].

Verstößt der Ausschluß gegen das GG, hat das Gericht nach den im zweiten Teil der Arbeit aufgestellten Grundsätzen entweder die Regelung für nichtig zu erklären oder auszusprechen, daß die Vorschrift insoweit mit dem GG unvereinbar ist. Lediglich bei einem absoluten Unterlassen des Gesetzgebers, das nicht durch verfassungskonforme Rechtsfortbildung überwunden werden kann, ist nach § 95 Abs. 1 BVerfGG festzustellen, daß der Gesetzgeber durch Unterlassen Grundrechte des Beschwerdeführers verletzt hat.

Die angefochtenen Urteile sind in diesen Fällen aufzuheben, wie sich aus § 95 Abs. 2 BVerfGG ergibt. Sie sind nämlich verfassungswidrig, weil sie auf einer verfassungswidrigen gesetzlichen Regelung oder einem verfassungswidrigen Rechtszustand beruhen.

Erklärt das BVerfG die Ausschlußregelung für nichtig, so können die Gerichte alsbald eine dem Beschwerdeführer günstige Entscheidung erlassen. Wird nur die Unvereinbarkeit der Norm mit dem GG festgestellt, müssen die Gerichte die Entscheidung über den Rechtsstreit aussetzen, bis daß der Gesetzgeber eine neue Regelung erlassen hat. Die Gerichte dürfen vorher das Begehren nicht abweisen; denn damit würden sie die Grundrechtsverletzung wiederholen. Sie dürfen dem Begehren aber auch nicht im Wege der Rechtsfortbildung stattgeben, weil hier die Rechtsgestaltung dem Gesetzgeber vorbehalten ist. Demnach tritt bis zur Regelung durch den Gesetzgeber ein Rechtsstillstand ein.

---

[5] *Rupprecht*, NJW 1971, 169 (170 f.); *Leibholz-Rupprecht*, Nachtrag, § 30, Rdnr. 3.

§ 13 Zusammenfassung

Die Untersuchung hat gezeigt, daß die Urteilsverfassungsbeschwerde bei gesetzgeberischem Unterlassen und willkürlichem Begünstigungsausschluß zulässig und ggf. auch begründet ist.

Der Beschwerdeführer kann in diesen Fällen schlüssig dartun, daß die Urteile seine Grundrechte verletzen. Die Zulässigkeitsvoraussetzung einer in den Urteilen liegenden Beschwer ist gegeben, weil der Beschwerdeführer mit seinem Begehren abgewiesen wurde. Das Rechtsschutzbedürfnis kann ebenfalls nicht verneint werden. Die Urteilsverfassungsbeschwerde ist bei teilweisem Unterlassen des Gesetzgebers und willkürlichem Begünstigungsausschluß vielfach der einzige Weg, um verfassungsgerichtlichen Schutz zu erlangen. Der ausdrückliche oder konkludente Ausschluß ist nämlich nur innerhalb der Frist des § 93 Abs. 2 BVerfGG unmittelbar anfechtbar. Aus der Subsidiarität der Verfassungsbeschwerde folgt, daß der Bürger bei gesetzgeberischem Unterlassen und willkürlicher Nichtbegünstigung zunächst durch die zuständigen Gerichte klären lassen muß, ob ein Analogieverbot vorliegt oder ihm im Wege der Auslegung und Rechtsfortbildung geholfen werden kann. Das Rechtsschutzbedürfnis für die Urteilsverfassungsbeschwerde ist auch dann gegeben, wenn die Unterlassensverfassungsbeschwerde noch zulässig ist. Denn die Prüfung der angefochtenen Urteile bringt für das BVerfG keine wesentliche Mehrarbeit; die Aufhebung der Urteile stellt zugunsten des Beschwerdeführers aber sicher, daß eine rückwirkende günstige Änderung des Gesetzes auch ihn erfaßt.

Stellt sich heraus, daß die angefochtenen Urteile aufgrund der Auslegung oder Rechtsanwendung der Gerichte spezifisches Verfassungsrecht verletzen, hat das BVerfG die Entscheidungen aufzuheben und die Sache an ein zuständiges Gericht zurückzuverweisen. Im Tenor der verfassungsgerichtlichen Entscheidung ist der verfassungskonforme Inhalt der Norm klarzustellen. Das zuständige Gericht kann alsbald über das Begehren des Beschwerdeführers entscheiden.

Beruhen die Urteile auf einer verfassungswidrigen gesetzlichen Regelung, was bei teilweisem gesetzgeberischen Unterlassen und willkürlichem Begünstigungsausschluß stets der Fall ist, so muß das Gericht die Urteile aufheben und die Sache zurückverweisen. Soweit hier die Kassation der Ausschlußregelung nicht in die Gestaltungsfreiheit des Gesetzgebers eingreift, erklärt das BVerfG die Norm für nichtig. Das zuständige Gericht kann dann sofort aufgrund unmittelbarer oder analoger Anwendung der begünstigenden Regelung eine Entscheidung erlassen. Scheidet die Nichtigerklärung des Ausschlusses mit Rücksicht auf die Gestaltungsfreiheit des Gesetzgebers aus und stellt dehalb das

BVerfG nur die Unvereinbarkeit der Norm mit dem GG fest, so muß der Gesetzgeber umgehend die Materie neu regeln. Eine gerichtliche Entscheidung kann erst nach der Neuregelung ergehen. Das gleiche gilt, wenn das Verfassungsgericht bei einem absoluten Unterlassen des Gesetzgebers feststellen muß, daß dieser durch Unterlassen Grundrechte des Beschwerdeführers verletzt hat.

Literaturverzeichnis

Anschütz: Die Verfassung des Deutschen Reiches vom 11. August 1919, 4. Bearbeitung, 14. Auflage, Berlin 1933

Arndt, Claus: Sondervotum — Richterstatus — Nichtigerklärung, Zum Inkrafttreten des vierten Gesetzes zur Änderung des Bundesverfassungsgerichtsgesetzes, DRiZ 1971, 37

Arndt, H.-*Heinrich-Weber-Lortsch:* Richterliche Rechtsfortbildung, Drei Referate, Köln-Berlin-Bonn-München 1970

Bachof: Begriff und Wesen des sozialen Rechtsstaats, VVDStRL 12, 37

— Verfassungsrecht, Verwaltungsrecht, Verfahrensrecht in der Rechtsprechung des Bundesverwaltungsgerichts, Tübingen, Band I 1963, Band II 1967; zit.: Bd. I oder Bd. II

Baumbach-Lauterbach: Zivilprozeßordnung mit Gerichtsverfassungsgesetz und anderen Nebengesetzen, 30. Aufl., München 1970

Bender: Inhalt und Grenzen des Gebots der verfassungskonformen Gesetzesauslegung, MDR 1959, 441

Berndt-Draeger-Brüggemann: Arbeitsvermittlung, Berufsberatung, Arbeitslosenversicherung, Kindergeld, Bd. I, 1954 ff.

Bettermann: Die Beschwer als Klagevoraussetzung, Tübingen 1970; zit.: Beschwer

— Klagebefugnis und Aktivlegitimation im Anfechtungsprozeß, Staatsbürger und Staatsgewalt, Band II, S. 449, Karlsruhe 1963

Böckenförde, Christoph: Die sogenannte Nichtigkeit verfassungswidriger Gesetze, Berlin 1966

Bogs, Harald: Die verfassungskonforme Auslegung von Gesetzen, Stuttgart-Berlin-Köln-Mainz 1966

Bogs, Walter: Die Einwirkung verfassungsrechtlicher Normen auf das Recht der sozialen Sicherheit, Verhandlungen des 43. Deutschen Juristentages, Band II G: Sozialrechtliche Arbeitsgemeinschaft, Tübingen 1960, G 5

Bonner Kommentar: Kommentar zum Bonner Grundgesetz, Hamburg 1950 ff.; Zweitbearbeitung 1964 ff.

Brinkmann, Hans: Das entscheidungserhebliche Gesetz, Berlin 1970, zit.: Gesetz

— Die fingierte Geltung, DÖV 1970, 406

Brinkmann, K.-*Hackenbroch:* Grundrechtskommentar zum Grundgesetz, Bonn 1967 ff.

Brox: Die Beschwer als Rechtsmittelvoraussetzung, ZZP 81, 379

— Die Einschränkung der Irrtumsanfechtung, Karlsruhe 1960; zit.: Irrtumsanfechtung

— Rechtsprobleme der Abstimmungen beim Bundesverfassungsgericht, Festschrift für Gebhard Müller, Tübingen 1970, S. 1; zit.: Festschrift

Bulla: Mutterschutzgesetz, Kommentar, 3. Aufl., bearbeitet von Dr. Werner Hackbeil, München 1968

Burmeister: Die Verfassungsorientierung der Gesetzesauslegung, Berlin und Frankfurt a. M. 1966

Canaris: Die Feststellung von Lücken im Gesetz, Berlin 1964

Coing: Grundzüge der Rechtsphilosophie, 2. Aufl., Berlin 1969

Dax: Das Gleichbehandlungsgebot als Grundlage positiver subjektiv-öffentlicher Rechte, Bonn 1969

Denecke: Mutterschutz und Jugendschutz, Die Grundrechte, hrg. von Bettermann-Nipperdey-Scheuner, Dritter Band, 1. Halbband, Berlin 1958, S. 475

Dieckmann: Bemerkungen zum Beschluß des Bundesverfassungsgerichts vom 29. 1. 1969, 1 BvR 26/66, FamRZ 1969, 196, betreffend die Neuordnung des Unehelichenrechts, FamRZ 1969, 297

Dietlein: Neuregelungen für die Verfassungsgerichtsbarkeit, DVBl 1971, 125

v. Doemming-Füßlein-Matz: Entstehungsgeschichte der Artikel des Grundgesetzes, JbÖffR N. F. 1

Dürig: Verfassung und Verwaltung im Wohlfahrtsstaat, JZ 1953, 193

Eckardt: Die verfassungskonforme Gesetzesauslegung, Berlin 1964

Endemann, Wolfgang: Zur Bindungswirkung von Entscheidungen des Bundesverfassungsgerichts im Verfassungsbeschwerdeverfahren, Festschrift für Gebhard Müller, Tübingen 1970, S. 21

Engisch: Einführung in das juristische Denken, 4. Aufl., Stuttgart 1968

Enneccerus-Nipperdey: Allgemeiner Teil des Bürgerlichen Rechts, Erster Halbband, Tübingen 1959

Esser: Grundsatz und Norm in der richterlichen Fortbildung des Privatrechts, Tübingen 1956

Flume: Richter und Recht, Verhandlungen des 46. Deutschen Juristentages, Essen 1966, Band II, Teil K, München und Berlin 1967

Forsthoff: Der Staat der Industriegesellschaft, München 1971

Friesenhahn: Die Verfassungsgerichtsbarkeit in der Bundesrepublik Deutschland, Verfassungsgerichtsbarkeit der Gegenwart, Köln-Berlin 1962, S. 89

Frowein: Zur Änderung von § 79 des Bundesverfassungsgerichtsgesetzes, Anlage 3 zum Stenographischen Protokoll der 17. Sitzung des Rechtsausschusses vom 4. Juni 1970

Geiger: Gesetz über das Bundesverfassungsgericht vom 12. 3. 1951, Kommentar, Berlin und Frankfurt 1952

Giacometti: Allgemeine Lehren des rechtsstaatlichen Verwaltungsrechts, 1. Band, Zürich 1960

Göldner: Verfassungsprinzip und Privatrechtsnorm in der verfassungskonformen Auslegung und Rechtsfortbildung, Berlin 1969

Grunsky: Grundlagen des Verfahrensrechts, Bielefeld 1970

Haak: Normenkontrolle und verfassungskonforme Gesetzesauslegung des Richters, Bonn 1963

Habscheid: Urteilswirkungen und Gesetzesänderungen, ZZP 78, 401

Hamann-Lenz: Das Grundgesetz für die Bundesrepublik Deutschland vom 23. Mai 1949, begründet von Dr. Andreas Hamann, fortgeführt von Dr. Andreas Hamann jr. und Dr. Helmut Lenz, 3. Aufl., Neuwied-Berlin 1970

Hamel: Die Bedeutung der Grundrechte im sozialen Rechtsstaat, Berlin 1957

Haueisen: Zum Schließen von Gesetzeslücken durch den Richter, Sozialrecht und Sozialpolitik, Festschrift für Kurt Jantz zum 60. Geburtstag, Stuttgart 1968, S. 193

Hesse: Grundzüge des Verfassungsrechts der Bundesrepublik Deutschland, 3. Aufl., Karlsruhe 1969

Huber, Hans: Die Verfassungsbeschwerde, Vergleichende und kritische Betrachtungen, Karlsruhe 1954

Ipsen: Gleichheit, Die Grundrechte, hrg. von Neumann-Nipperdey-Scheuner, Zweiter Band, Berlin 1954, S. 111

Jellinek, W.: Das Nähere bestimmt ein Gesetz, DÖV 1954, 595

Kalkbrenner: Verfassungsauftrag und Verpflichtung des Gesetzgebers, DÖV 1963, 41

Klein, Franz: Zum Begriff und zur Grenze der Verfassungsgerichtsbarkeit, DÖV 1964, 471

Klein, Friedrich: Bundesverfassungsgericht und richterliche Beurteilung politischer Fragen, Schriften der Gesellschaft zur Förderung der Westfälischen Wilhelms-Universität zu Münster, 59, Münster 1966

v. Köhler: Kann der Gesetzgeber durch Schweigen die Verfassungswirklichkeit ändern?, NJW 1955, 1089

Kornblum: Zum Verhältnis von Gesetzesänderung und materieller Rechtskraft verwaltungsrechtlicher Entscheidungen, JZ 1962, 654

Krohn: Kinderfreibeträge bei der Einkommensteuer und Lohnsteuer, BB 1968, 38

— Zur Zulässigkeit der Verfassungsbeschwerde im Bereich ungleich belastender steuerlicher Regelungen, BB 1968, 1072

Krüger, Hildegard: Art. 6 Abs. 5 GG ein Programmsatz?, DÖV 1957, 356

— Uneheliche Kinder, Die Grundrechte, hrg. von Bettermann-Nipperdey-Scheuner, Vierter Band, 1. Halbband, Berlin 1960, S. 325

Lange, Hans-Richard: Die Frage der Zulässigkeit von Verfassungsbeschwerden gegen Gesetze, NJW 1962, 417

Larenz: Methodenlehre der Rechtswissenschaft, 2. Aufl., Berlin-Heidelberg-New York 1969

— Richterliche Rechtsfortbildung als methodisches Problem, NJW 1965, 1

Lechner: Bundesverfassungsgerichtsgesetz, 2. Aufl., München 1967; zit.: BVerfGG

— Schutz der Grundrechte durch die Verfassungsgerichte des Bundes und der Länder, Die Grundrechte, hrg. von Bettermann-Nipperdey-Scheuner, Dritter Band, 2. Halbband, Berlin 1955, S. 658

— Zur Zulässigkeit der Verfassungsbeschwerde gegen Unterlassungen des Gesetzgebers, NJW 1955, 1817

Leder: Die Streichung der §§ 59 und 65 AVAVG durch das Siebente Änderungsgesetz zum AVAVG als Folge von Beschlüssen des Bundesverfassungsgerichts, BABl 1967, 173

— Zur Verfassungswidrigkeit des § 65 Abs. 2 AVAVG auf Grund des Beschlusses des Bundesverfassungsgerichts, SGb 1967, 192

Leibholz: Der Status des Bundesverfassungsgerichts, JbÖffR N. F. 6, 109; zit.: Statusbericht

— Die Gleichheit vor dem Gesetz, 2. Aufl., München und Berlin 1959; zit.: Gleichheit

Leibholz-Rinck: Grundgesetz für die Bundesrepublik Deutschland, Kommentar an Hand der Rechtsprechung des Bundesverfassungsgerichts, Köln-Marienburg 1966

Leibholz-Rupprecht: Bundesverfassungsgerichtsgesetz, Rechtsprechungskommentar, Köln-Marienburg 1968; Nachtrag 1971

Lent-Jauernig: Zivilprozeßrecht, 15. Aufl., München 1970

Lerche: Das Bundesverfassungsgericht und die Verfassungsdirektiven, AöR 90, 341

v. Mangoldt-Klein, Friedrich: Das Bonner Grundgesetz, 2. Aufl., Berlin und Frankfurt a. M., Band I 1957; Band II 1964; Band III, 1. Lieferung 1969

Maunz: Deutsches Staatsrecht, 17. Aufl., München 1969

Maunz-Dürig-Herzog: Grundgesetz, Kommentar, 2. Aufl., Lieferung 1 bis 11, Band I, Art. 1—53; Lieferung 1—12, Band II, Art. 53 a — Sachverzeichnis, München 1971; zit.: Maunz-Dürig

Maunz-Sigloch-Schmidt-Bleibtreu-Klein: Bundesverfassungsgerichtsgesetz, Lieferungen 1 und 2, München und Berlin 1967; zit.: Maunz-Sigloch

Menger: System des verwaltungsgerichtlichen Rechtsschutzes, Tübingen 1954
— Höchstrichterliche Rechtsprechung zum Verwaltungsrecht, VerwArch 50, 389

Menger-Erichsen: Höchstrichterliche Rechtsprechung zum Verwaltungsrecht, VerwArch 58, 185

Müller: Unter welchen Voraussetzungen macht Nichtigkeit eines Gesetzesteiles das ganze Gesetz nichtig?, DVBl 1964, 104

Neumann-Duesberg: Der Beschluß des Bundesverfassungsgerichts zur Verfassungswidrigkeit des § 65 Abs. 2 AVAVG, SGb 1966, 481
— Anm. zu BVerfGE 20, 379 betr.: die Verfassungswidrigkeit des § 65 Abs. 1 AVAVG, SGb 1967, 205

Obermayer: Gedanken zur Methode der Rechtserkenntnis, NJW 1966, 1885

Odendahl: Verwandtenbeschäftigung und Sozialversicherung, SGb 1966, Beilage „Der Sozialrichter", Folge 1

Pestalozza: Die Geltung verfassungswidriger Gesetze, AöR 96, 27

Peters, Hans: Der Streit um die 131er-Entscheidung des Verfassungsgerichts, JZ 1954, 589

Pfeiffer: Die Verfassungsbeschwerde in der Praxis, Essen 1959

Pohle: Zur Lehre vom Rechtsschutzbedürfnis, Festschrift für Friedrich Lent, München und Berlin 1957

Puppe: Zur zeitlich begrenzten Weitergeltung verfassungswidriger Gesetze, DVBl 1970, 317

Rauschning: Die Sicherung der Beachtung von Verfassungsrecht, Bad Homburg v. d. H.-Berlin-Zürich 1969

Redeker-v. Oertzen: Verwaltungsgerichtsordnung, 3. Aufl., Stuttgart-Berlin-Köln-Mainz 1969

Reinicke, Dietrich: Ausfüllung von Gesetzeslücken durch den Bundesgerichtshof, JuS 1964, 421

Reinicke, G. u. D.: Die Auslegungsgrundsätze des Bundesarbeitsgerichts (II), NJW 1955, 1661

Rinck: Die höchstrichterliche Rechtsprechung zum Gleichheitssatz in der Bundesrepublik, der Schweiz, Österreich, Italien, den USA und Indien, JbÖffR N. F. 10, 269

Ritter: Verfassungsrechtliche Gesetzgebungspflichten, Diss. Bonn 1967

Rosenberg-Schwab: Zivilprozeßrecht, 20. Aufl., München 1969

Rupp, Hans-Heinrich: Die finanzielle Benachteiligung verheirateter gegenüber ledigen Beamtenkindern und Art. 6 I GG — VG Gelsenkirchen, FamRZ 1967, 45 und 575, JuS 1968, 166

— Stellungnahme zur Novellierung des Gesetzes über das Bundesverfassungsgericht, Anlage 4 zum Stenographischen Protokoll der 17. Sitzung des Rechtsausschusses vom 4. Juni 1970; zit.: Gutachten

Rupp-v. Brünneck: Die Grundrechte im juristischen Alltag, Frankfurt am Main-Berlin 1970; zit.: Grundrechte

— Darf das Bundesverfassungsgericht an den Gesetzgeber appellieren?, Festschrift für Gebhard Müller, Tübingen 1970, S. 355; zit.: Festschrift

Rupprecht: Änderung des Bundesverfassungsgerichtsgesetzes, NJW 1971, 169

Säcker: Grundprobleme der kollektiven Koalitionsfreiheit, Düsseldorf 1969

Salzwedel: Gleichheitsgrundsatz und Drittwirkung, Festschrift für Hermann Jahrreiss, Köln-Berlin-Bonn-München 1964, S. 339

Schaumann: Gleichheit und Gesetzmäßigkeitsprinzip, JZ 1966, 721

Scheffler: Anm. zum Beschluß des OVG Münster vom 20. 9. 1951 betr.: Art. 6 Abs. 4 GG und den Mutterschutz von Beamtinnen, JZ 1953, 152

Scheuner: Das Grundgesetz in der Entwicklung zweier Jahrzehnte, AöR 95, 353

Schlosser: Gestaltungsklagen und Gestaltungsurteile, Bielefeld 1966

Schmidt-Bleibtreu: Die Verfassungsbeschwerde nach Bundesrecht, BayVBl 1965, 289

— Zur Einkommensbesteuerung der Veräußerungsgewinne bei land- und forstwirtschaftlichen Betriebsgrundstücken, BB 1970, 1172

Schmidt-Bleibtreu-Klein, Franz: Kommentar zum Grundgesetz für die Bundesrepublik Deutschland, 2. Aufl., Neuwied und Berlin 1969

Schneider, Hans-Peter: Richterrecht, Gesetzesrecht und Verfassungsrecht, Frankfurt am Main 1969

Schneider, Rudolf: Rechtsschutz gegen verfassungswidriges Unterlassen des Gesetzgebers, AöR 89, 24

— Das Rechtsschutzbedürfnis im Verfahren der Verfassungsbeschwerde, ZZP 79, 1

Schubach: Die Rechtsprechung des Bundesverfassungsgerichts zum Allgemeinen Gleichheitssatz (Art. 3 Abs. 1 GG), Diss. Münster 1964

Schumann: Die Problematik der Urteilsverfassungsbeschwerde bei gesetzgeberischem Unterlassen, AöR 88, 331

— Verfassungs- und Menschenrechtsbeschwerde gegen richterliche Entscheidungen, Berlin 1963; zit.: Verfassungsbeschwerde

Schweda: Nicht erfüllte Aufträge des Verfassungsgebers an den Gesetzgeber, insbesondere diejenigen im Bonner Grundgesetz, Diss. Münster 1968

Seiwerth: Zur Zulässigkeit der Verfassungsbeschwerde gegenüber Grundrechtsverletzungen des Gesetzgebers durch Unterlassen, Berlin 1962

Selmer: Der Vorbehalt des Gesetzes, JuS 1968, 489

Seufert, Leo: Die nicht erfüllten Gesetzgebungsgebote des Grundgesetzes und ihre verfassungsgerichtliche Durchsetzung, — Ein Beitrag zum Problem gesetzgeberischen Unterlassens —, Diss. Würzburg 1969

Seuffert, Walter: Die Abgrenzung der Tätigkeit des Bundesverfassungsgerichts gegenüber der Gesetzgebung und der Rechtsprechung, NJW 1969, 1369

Spanner: Die verfassungskonforme Auslegung in der Rechtsprechung des Bundesverfassungsgerichts, AöR 91, 503

Stahler: Verfassungsgerichtliche Nachprüfung gesetzgeberischen Unterlassens, Diss. München 1966

Stein, Erwin: Die verfassungsrechtlichen Grenzen der Rechtsfortbildung durch die Rechtsprechung, NJW 1964, 1745

Stein-Jonas-Schönke: Kommentar zur Zivilprozeßordnung, bearbeitet seit 1953 von Pohle, fortgeführt seit 1967 von Grunsky-Leipold-Münzberg-Schlosser-Schumann, 19. Aufl., Tübingen 1964 ff.

Stephan: Das Rechtsschutzbedürfnis, Berlin 1967

Thoma: Die Funktionen der Staatsgewalt, I. Grundbegriffe und Grundsätze, Handbuch des Deutschen Staatsrechts, hrg. von Anschütz-Thoma, Zweiter Band, Tübingen 1932, S. 108

— Das System der subjektiven öffentlichen Rechte und Pflichten, a.a.O., S. 607

Ule: Besprechung des Buches von Giacometti, Allgemeine Lehren des rechtsstaatlichen Verwaltungsrechts, VerwArch 52, 425

— Anm. zu BVerwG DVBl 1965, 324 betr.: Ablehnung eines Anspruches auf Witwerpension auf der Grundlage des § 97 DBG

Weißauer-Hesselberger: Nichtigkeit oder Vernichtbarkeit verfassungswidriger Normen, DöV 1970, 325

Wessel, Franz: Die Rechtsprechung des Bundesverfassungsgerichts zur Verfassungsbeschwerde, DVBl 1952, 161

Wienholtz: Normative Verfassung und Gesetzgebung, Freiburg 1968

Wintrich: Aufgaben, Wesen, Grenzen der Verfassungsgerichtsbarkeit, Vom Bonner Grundgesetz zur gesamtdeutschen Verfassung, Festschrift zum 75. Geburtstag von Hans Nawiasky, München 1956, S. 191

Wittig: Bundesverfassungsgericht und Grundrechtssystematik, Festschrift für Gebhard Müller, Tübingen 1970, S. 575; zit.: Festschrift

— Politische Rücksichten in der Rechtsprechung des Bundesverfassungsgerichts, Der Staat 1969 (Band 8), 137

Wolff, Hans J.: Rechtsgrundsätze und verfassungsgestaltende Grundentscheidungen als Rechtsquellen, Forschungen und Berichte aus dem öffentlichen Recht, Gedächtnisschrift für Walter Jellinek, München 1955, S. 31; zit.: Rechtsgrundsätze

— Verwaltungsrecht I, 8. Aufl., München 1971; Verwaltungsrecht III, 2. Aufl., München und Berlin 1967

Zacher: Soziale Gleichheit, Zur Rechtsprechung des Bundesverfassungsgerichts zu Gleichheitssatz und Sozialstaatsprinzip, AöR 93, 341

Zippelius: Rechtsnorm und richterliche Entscheidungsfreiheit, JZ 1970, 241

Printed by Libri Plureos GmbH
in Hamburg, Germany